Sommaire

AVANT-PROPOS

Pour certains, le gazon ne mériterait pas un ouvrage. Le seul souci, c'est de tondre la pelouse le plus régulièrement possible, voilà tout. Il est vrai qu'à force d'être tondue court, n'importe quelle formation herbacée finit par se transformer en gazon, les graminées qui acceptent les tontes répétées finissant par prendre le dessus sur les autres plantes.

Pour d'autres, l'idéal est le fameux gazon anglais, véritable moquette moelleuse vivante. Pour le réussir, il s'agit moins d'appliquer des recettes toutes faites que de comprendre les étapes menant à une pelouse soignée. Les fabricants de semences ont par exemple remarqué que 75 % des Britanniques semaient leur pelouse en fin d'été, alors que, à l'inverse, les trois quarts des Français la semaient

Pelouses
et gazons

Direction éditoriale :
Hervé Chaumeton

Suivi éditorial :
Sophie Jutier

Relecture :
Léo Mirabel

PAO :
Nathalie Lachaud, Francis Rossignol

Photogravure :
Chantal Mialon, Stéphanie Tridoux

ISBN : 978-2-84416-781-1
N° d'éditeur : 84416
Dépôt légal : février 2009

Achevé d'imprimer : novembre 2008
Imprimé en Chine par SNP Leefung

Pelouses et gazons

Gérard Sasias

ARTÉMIS ÉDITIONS

PELOUSE
INTERDITE

au printemps. Pourtant, les étés anglais sont en général moins chauds et moins secs et se prêteraient plus facilement à l'établissement des gazons printaniers. Cherchez l'erreur!

C'est un peu improprement que l'on parle « du » gazon. Il existe beaucoup de types de gazon, selon le climat, le milieu, et leur utilisation. On ne sème pas les mêmes graines à l'ombre et en terrain sec. Un gazon de sport devant servir aux jeux des enfants n'a pas la même composition qu'un gazon essentiellement ornemental.

Pour le climat méditerranéen, ou le bord de mer, désirer un gazon « à l'anglaise » relève du fantasme. Mais il existe pour ces régions des solutions pour avoir des pelouses vertes en été et en même temps peu gourmandes en eau.

Les goûts évoluent: il existe désormais des gazons fleuris, qui imitent ces prés où les fleurs sauvages se mêlent aux graminées et qui ont tendance à disparaître de nos campagnes.

Généralités

Un peu

D'HISTOIRE

Ce n'est pas d'aujourd'hui que l'on met du gazon dans les jardins. Ne dit-on pas que les Romains découpaient des carrés d'herbe prélevés dans les prés pour agrémenter leurs jardins? *La Dame à la licorne* – célèbre tapisserie médiévale – est installée sur du gazon parsemé de fleurs où gambadent des lapins et autres petits animaux.

Les pelouses se sont imposées comme une partie essentielle du jardin, avec l'esprit anglais du XVIIIe siècle, qui visait à imi-

C'est à Vaux-le-Vicomte qu'ont été réalisés les premiers « sauts-de-loup ».

Depuis les terrasses des châteaux de l'époque classique, les pelouses et parterres sont en continuité parfaite avec le paysage et l'horizon.

ter les paysages « naturels », où les prairies alternaient avec des bosquets d'arbres. Les jardins, au lieu d'être clos et protégés du milieu extérieur, se sont ouverts sur la campagne et les forêts alentour. C'est d'ailleurs ce qui se passe dans certaines propriétés anglo-saxonnes et germaniques, où les pelouses sont souvent en continuité entre elles, voire avec le domaine public, sans haie pleine, ou avec une clôture symbolique.

On croit souvent que ce sont les jardiniers britanniques qui ont inventé ce concept. Il a pourtant été créé en France. On peut en voir la première réalisation spectaculaire à Vaux-le-Vicomte. Du célèbre château de Fouquet, les terrasses semblent en continuité parfaite avec les pelouses, les parterres et les bassins, lesquels se prolongent jusqu'aux forêts, qui constituent l'horizon. Or cette continuité depuis la terrasse jusqu'à l'horizon est due à une illusion d'optique. Il n'y a pas de clôture ni de balustrade qui bordent la terrasse, seulement des escaliers invisibles.

Le « saut-de-loup »

Aux Tuileries, c'est un large fossé bordé de murs qui sépare les terrasses des jardins: on se méprend sur leur usage tant que l'on regarde les bâtiments – on dit

notamment que ces fossés servaient à séparer le roi de la foule. Ce fossé se nomme le « saut-de-loup ». Inventé au XVIIe siècle en France, il s'est répandu, ensuite, en Grande-Bretagne: les aristocrates anglais désiraient admirer le paysage environnant depuis leurs portes et leurs terrasses, tout comme leurs homologues français. Mais ils ont trouvé un usage beaucoup plus pratique à ce saut-de-loup, qu'ils ont dénommé « ha ha ». Ce fossé empêchait tout simplement les animaux, moutons ou vaches, d'accéder aux terrasses et de brouter les plates-bandes! Les jardins « à la française » (l'expression n'a été inventée que lorsque la mode a été aux jardins à l'anglaise) étaient ouverts sur l'extérieur, à savoir des forêts destinées à la chasse – leur côté sauvage faisant contraste avec l'ordonnancement du jardin. À chacun son idée de nature et de campagne…

L'évolution du gazon

La tondeuse à gazon mécanique, inventée en 1830 par un Anglais, a commencé à se répandre vers le milieu du XIXe siècle. Auparavant, on fauchait à la faux. Notons que les premières tondeuses ont surtout été destinées aux terrains de sport (cricket, golf, football, rugby), avant d'être employées dans les grandes propriétés.

Dans le jardin, la partie « naturelle » repose sur les parties enherbées, qui font la liaison entre les diverses plantations. Les tondeuses à moteur, qui ont commencé à se répandre dans les années 1950, ont rendu cette conception accessible à tous.

Petit à petit, certains commencent à souligner le caractère artificiel des pelouses, agrémentées en leur centre d'un végétal remarquable. Et surtout des contraintes d'entretien qu'elles entraînent, avec le bruit, la pollution, les soins (arrosages, engrais, traitements). De même que les décriés thuyas forment de véritables murs végétaux, le gazon a un côté « moquette verte » qui a surtout pris une grande ampleur aux États-Unis. Il y a là-bas une pression sociale très grande pour que chacun entretienne sa pelouse à la perfection, pour contribuer à la plus grande uniformité – les jardins ne sont pas séparés par des clôtures, ou alors celles-ci ne sont que symboliques. C'est ainsi que s'est imposée l'idée qu'une pelouse parfaite entraînait obligatoirement de nombreux traitements chimiques et des fertilisations importantes, ainsi qu'un arrosage très régulier. On aboutit à une formation végétale artificielle et coûteuse.

Les goûts varient avec les époques. Le coin de potager est revenu s'imposer

L'idée de pelouse parfaite s'est surtout imposée aux États-Unis.

dans bien des jardins, on rêve du « jardin de curé », qui marie fleurs, fruits et légumes dans une structure très « classique » – dans le sens de très ordonnée. Les jardins, après s'être ouverts sur la nature, ce qui est surtout une réalité dans les grandes propriétés, redeviennent des lieux clos, protégeant de l'extérieur... et des voisins! Ils sont moins faits pour les yeux et davantage comme un prolongement de la maison.

Il ne faut cependant pas exagérer les évolutions. Les jardiniers restent très attachés à la pelouse. Plus de 8 personnes sur 10 en ont une : ce qui fait tout de même 12 millions de tapis verts. De belle taille : 564 m^2 en moyenne pour les résidences principales et 1 118 m^2 pour les résidences secondaires.

Pour autant, la pelouse reste une étendue d'herbe à laquelle on n'accorde qu'une importance relative. Plus des deux tiers des pelouses françaises ont plus de dix ans : on est loin du gazon anglais!

La pelouse sert avant tout de lien entre les divers aménagements du jardin.

Le marché du gazon

Les pelouses représentent 15 % du marché du jardin, avec un total de plus de 800 millions d'euros. Les outils, et parmi ceux-ci les outils à moteur (les tondeuses représentant les trois quarts des achats), représentent le principal poste de dépense (600 millions d'euros). Vient ensuite l'achat de semences (30 millions d'euros) : 9 000 tonnes de graines, principalement pour regarnir les gazons, sont semées chaque année, surtout au printemps.

Saviez-vous que les Français achètent de préférence leurs graines au printemps, au contraire des Britanniques, qui sèment en grande majorité leur gazon en automne ? Ce qui fait dire à certains spécialistes que décidément, en France, on ne connaît pas grand-chose au gazon!

Les produits (fertilisants, désherbants, anti-nuisibles, etc.) représentent une dépense de près de 75 millions d'euros par an. Pour le reste, les dépenses concernent l'arrosage, y compris les programmateurs (pour 18 millions d'euros) et les raccords (30 millions d'euros). L'arrosage intégré a connu un grand essor ces dernières années.

Le point de vue ÉCOLOGIQUE

Quelles pollutions ?

On critique parfois le gazon comme pouvant entraîner nombre de pollutions. Pollution sonore, tout d'abord: certains ont comparé la tondeuse du jardin à l'aspirateur de la maison qui nettoie les moquettes!

Il y a ensuite la pollution engendrée par les moteurs thermiques, en particulier deux-temps, qui disparaissent peu à peu pour cette raison.

Il est vrai également que le gazon peut consommer beaucoup d'eau en été, pour être conservé bien vert. Le jaunissement de l'herbe est considéré comme un péché par certains, d'autres craignent qu'il ne meure – ce qui est un préjugé sans fondement pour des pelouses bien installées. Une grande partie du surcroît

Une pelouse « écologique » admet une plus grande variété de plantes dont le trèfle.

Les plantes à rosettes, comme le pissenlit, finissent par s'installer dans les pelouses.

de consommation d'eau estivale provient de l'arrosage des pelouses privées et des espaces verts publics.

Immanquablement, au fil des années, aux plantes de gazon semées initialement s'ajoutent d'autres plantes, jugées moins esthétiques (comme les rosettes des pissenlits), ou qui résistent mal au piétinement (tel le trèfle). Pour éliminer ces indésirables, on utilise des produits pesticides.

Parmi les pollutions reprochées à la pelouse, on peut citer celles générées par les tondeuses.

Même rebaptisés « phytosanitaires », ils ne perdent pas de leur nocivité.

Ajoutons les engrais, indispensables si l'on ramasse l'herbe tondue. Il s'agit là encore d'une pollution pour les cours d'eau et les nappes phréatiques, surtout s'ils sont mal employés.

Le gazon protège le sol

Le tableau écologique du gazon n'est tout de même pas si désastreux. Les déchets qu'il occasionne sont la principale matière première pour obtenir un compost suffisamment abondant pour que l'on se passe de terreau et d'engrais pour la plupart des usages. Il suffit que ces tontes soient mélangées avec des déchets ligneux et des feuilles issus de la taille de haies et d'arbustes.

Il est possible de se passer de pesticides et d'engrais, dès lors que l'on comprend que certaines exigences purement esthétiques peuvent entraîner des conséquences néfastes pour l'environnement.

Surtout, le gazon est une couverture végétale qui préserve le sol des lessivages et qui absorbe de brutales précipitations, lesquelles sinon, peuvent occasionner des inondations, dans le cas de sols bétonnés.

La pelouse ne participe pas beaucoup de la diversité végétale, c'est vrai, mais il n'est pas difficile d'obtenir un tapis comprenant une plus large variété d'espèces que ce qui a été semé initialement.

Enfin, la pelouse est une solution d'attente, écologiquement très acceptable, quand on ne sait pas quels végétaux on va choisir pour son jardin. Remettre en pelouse une parcelle de potager, où l'on rencontre des maladies ou une perte de fertilité, est également une excellente solution pour laisser « reposer » le sol et lui permettre de se reconstituer.

Le gazon est une couverture qui protège le sol.

Quels gazons, pour quels **USAGES ?**

On peut classer les pelouses en quatre grandes catégories, en fonction de leur destination. Ce choix initial conditionne les semences à employer, et donc l'aspect, mais tout autant les contraintes d'entretien.

À droite : *Un gazon très fin, à pousse lente, est parfait pour un jardin très soigné.*

Ci-dessous : *Selon que le gazon sert de faire-valoir aux plantation ou est régulièrement piétiné, il n'est pas composé des mêmes plantes.*

Le gazon d'ornement

Il s'agit essentiellement d'un « écrin » pour mettre en valeur les autres plantations. On lui demande d'être très vert et uniforme. Les espèces de graminées employées donneront un tapis à la fois dense et fin, qui sera tondu très fréquemment, pour lui pemettre de rester ras. Il n'est pas fait pour être piétiné continuellement. En effet, les espèces donnant un couvert à la fois serré et fin résistent mal au piétinement. D'un autre côté, les espèces les plus robustes sont d'aspect plus grossier et souvent moins dense et uniforme. D'où la mention traditionnelle dans les jardins publics: « pelouse interdite ». Mais avez-vous remarqué que ces panonceaux ont presque disparu? Cela est sans doute dû à la pression du public,

Les panneaux « Pelouse interdite » deviennent de plus en plus rares dans les jardins publics.

Les gazon modernes sont beaucoup plus résistants qu'autrefois.

Le gazon de détente doit s'adapter à tout et présenter un bel aspect.

peu enclin à admettre que ce tapis vert n'existerait que pour l'esthétique et qu'il serait interdit de le fouler, voire de s'y reposer. C'est aussi la conséquence de spectaculaires progrès dans la sélection des graminées pour pelouses ! Les gazons d'aujourd'hui s'avèrent beaucoup plus résistants qu'autrefois, tout en présentant une densité et une finesse agréables à l'œil.

Le gazon d'agrément ou de détente

Ce type de pelouse doit concilier toutes les qualités pour convenir à une large palette d'emplois. On lui demande de présenter un bel aspect, quelle que soit la saison, et sans qu'il entraîne énormément de soins et d'entretien. Bien entendu, ce type de gazon doit être tondu régulièrement. La fréquence des tontes permet de limiter les adventices, ces plantes qui ne sont pas des graminées et prennent l'avantage sur les espèces de pelouse. Il y a une lutte farouche entre ces envahisseurs et le gazon, arbitrée par le jardinier et sa tondeuse !

Le gazon de jeux est très résistant mais il nécessite aussi un entretien régulier.

Le gazon de sport et de jeux

De nombreux sports se pratiquent sur du gazon, mettant celui-ci à rude épreuve avec un piétinement très intense et un grand risque d'arrachement. Une situation aussi extrême nécessite un choix d'espèces (et de variétés) particulières, ainsi qu'un entretien minutieux et intensif. On pourrait dire que ce gazon est à la fois robuste mais aussi très sensible à un manque d'entretien. C'est de plus le type de gazon qui convient aux aires de jeux des enfants.

Le gazon de sport fait appel à des compositions de semences particulières.

Il faut mettre à part le gazon des greens de golf – on distingue les parcours, ou « fairways », qui sont relativement piétinés et sont semés avec des plantes résistantes tout en étant fines et denses, des « greens », où tombent et roulent les balles. Le gazon est alors très fin, dense et ras. Il est évidemment l'objet de soins constants.

Le gazon de golf : le « summum » de la qualité en matière de pelouse.

Les gazons dits de couverture ne sont pas destinés à un piétinement régulier.

Le gazon de couverture

Il existe enfin des mélanges pour des usages où l'entretien est limité et qui devront également s'accommoder de milieux plus difficiles, comme des pentes ou la sécheresse. C'est le cas d'espaces verts où l'on désire une couverture végétale avec un minimum d'entretien et un aspect visuel correct. Ils ne sont évidemment pas destinés à être piétinés régulièrement. Ces types de mélanges commencent à être proposés aux particuliers – ils sont plus couramment employés par les professionnels des espaces verts, par exemple pour les sociétés d'autoroutes. Il existe des spécialités « faible entretien », contenant une proportion de trèfle blanc, des « gazons suisses », avec des pâquerettes, ou des « gazons japonais », où les graminées sont mélangées avec des graines de fleurs annuelles.

Ces quatre types de gazons font appel à des mélanges de graminées différents. Divers critères tels qu'évoqués ci-dessus (résistance au piétinement, aspect dense et fin) sont pris en compte, mais aussi d'autres facteurs: la résistance à la sécheresse, ou au contraire la faculté à supporter une submersion passagère, la résistance au froid – on oublie que les pelouses peuvent parfois se montrer aussi fragiles aux conditions hivernales qu'au soleil brûlant de l'été...

L'aptitude à supporter l'ombre peut être précieuse: on sait que certaines parties de pelouse finissent par être envahies par des mousses, traitées à grand renfort de sulfate de fer, ou scarifiées, sans qu'un tapis herbeux s'impose durablement.

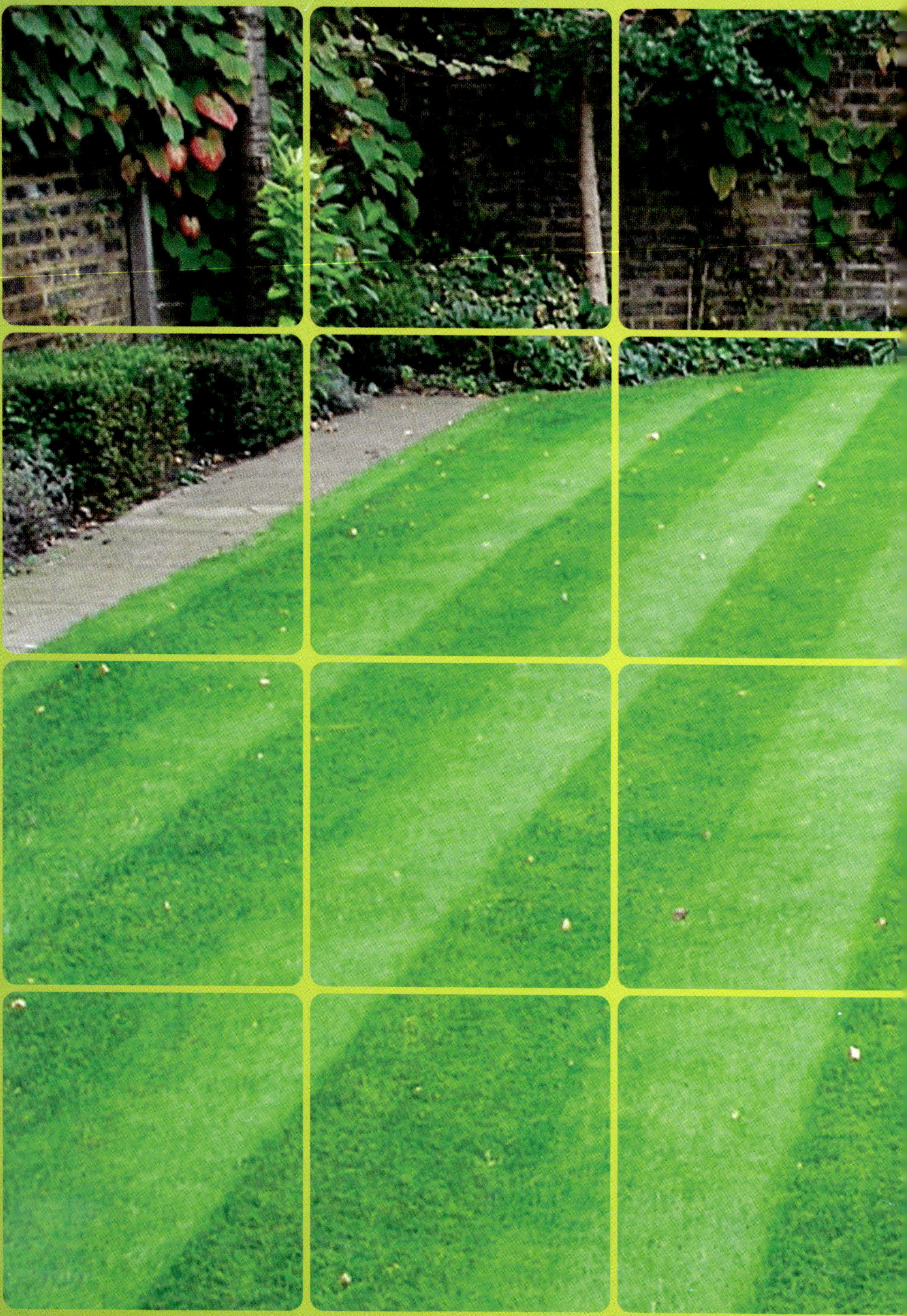

Faire le bon choix

Les espèces de graminées **À GAZON**

Les gazons sont des formations végétales qui comprennent essentiellement des graminées, plantes qui acceptent d'être tondues ou broutées régulièrement sans dépérir, et capables de former un tapis végétal assez dense pour s'opposer à l'envahissement de broussailles, d'arbustes et d'arbres. Les semenciers ont sélectionné et amélioré les espèces les plus aptes à produire des pelouses de jardin.

Le ray-grass anglais (RGA)

Le ray-grass anglais est l'une des graminées les plus employées dans les mélanges pour gazon : elle entre souvent pour moitié dans leur composition.

Il ne faut pas le confondre avec le ray-grass italien, espèce annuelle ou bisannuelle, selon le climat, et qui est impropre au gazon. Il s'agit d'une graminée pour les prairies agricoles.

Le ray-grass anglais compte de nombreuses variétés et cultivars, aux qualités et aux comportements sensiblement différents. Ainsi, un RGA destiné aux agriculteurs, c'est-à-dire utilisé pour la production de foin, ne peut convenir pour des gazons : il a été sélectionné pour pousser vite et haut et donner un maximum de végétation. Il possède également un feuillage grossier.

Ci-contre et à droite : *Le ray-grass anglais est la première graminée à gazon : facile à semer, résistant au piétinement, mais surtout adapté au climat océanique.*

Acheter son gazon

Pour faire un bon choix, il faut clairement définir l'usage de la future pelouse : esthétique, détente ou piétinement intensif (jeux, enfants) ? Le terrain est-il séchant, à l'ombre ? Selon ces usages, vous prendrez le mélange de graines le plus adapté. Il n'en existe pas d'universel convenant à tous les terrains, à la fois esthétique, robuste, levant vite mais poussant lentement – de façon à espacer les tontes : un critère rarement pris en compte au départ, et pourtant ! Le mélange « gazon rustique » peut aussi bien dénommer un gazon bas de gamme qu'un mélange de variétés sélectionnées. Il faut de nombreuses années pour sélectionner une nouvelle variété de graminée à gazon et cela se ressent au niveau du prix ; les mélanges les plus économiques utilisent des variétés dont la multiplication est libre et qui n'ont pas bénéficié d'améliorations récentes (finesse, densité, hauteur). C'est le cas notamment de beaucoup de ray-grass anglais d'obtention ancienne. En fait, les gazons rustiques sont conçus pour les jardiniers ayant peu préparé leur terre : ils peuvent lever dans presque toutes les conditions ! On ne leur demandera donc pas en plus de faire un tapis de très bonne tenue.

Dans le prix d'un mélange intervient aussi la grosseur des graines. Celles de ray-grass sont grosses (cf. illustration ci-dessous), celles des fétuques moyennes ; les graines des pâturins et surtout des agrostides sont beaucoup plus petites (il y en a plus de 10 000 par gramme). Plus les graines sont petites, mieux le terrain doit être préparé, plus le résultat sera beau : le prix sera aussi plus élevé…

Au final, privilégiez les mélanges ayant obtenu le « label rouge », qui garantit l'emploi d'espèces et de variétés les plus adaptées à chaque cas : par exemple dans la catégorie « détente et agrément », qui définit un gazon fin et assez résistant aux passages, il existe un mélange spécial pour terrains secs. Dans un terrain normal, ce gazon nécessitera moins d'arrosages, ce qui n'est pas négligeable !

Il existe d'autre part des différences sensibles entre les variétés de RGA destinées au gazon. Les meilleures variétés, souvent les plus récentes, sont plus onéreuses et se retrouveront donc dans les mélanges de haut de gamme, alors que les mélanges les plus économiques font appel à des variétés plus anciennes, moins performantes.

Ses qualités

Le ray-grass est une graminée aux graines assez grosses, facile à semer. La préparation de la terre est plus aisée, ce qui est important pour l'amateur.

D'origine britannique, comme son nom l'indique, il est adapté aux régions à climat océanique, aux étés relativement frais, aux pluies assez bien réparties dans l'année et aux hivers peu rudes.

Il s'est imposé pour les gazons en raison de sa grande résistance au piétinement. De fait, c'est la graminée la plus employée pour les terrains de sport et les gazons dits de « détente », les plus courants.

Son installation rapide lui permet de résister à la concurrence des « mauvaises herbes », dont les graines sont présentes dans le sol.

Ses défauts

On lui a reproché son esthétique: son feuillage est assez grossier, il ne forme pas non plus un tapis très dense. Il a été longtemps la composante majeure des mélanges économiques.

Adapté aux climats océaniques, il arrête de pousser dès que la température atteint les 25 °C et jaunit assez vite en l'absence de pluies. Bref, il se mue facilement en paillasson à la période estivale; mais il reverdit rapidement dès les premières pluies de fin d'été.

Peu sujet aux maladies, il peut être affecté par la rouille en période humide.

Enfin, s'il s'installe rapidement, il pousse vite, et donc fournit une masse de déchets importante. Il faut le tondre fréquemment.

Les fétuques rouges

Il existe trois fétuques rouges, parmi les plus utilisées (plus d'un tiers), dans la composition des mélanges pour gazon, en raison de leur aptitude à former un

Les fétuques peuvent former un gazon fin et dense.

tapis dense et fin. On distingue la fétuque rouge traçante, généralement considérée comme inférieure en qualité aux deux autres, la demi-traçante et la gazonnante, plus fines et denses. La sélection de la fétuque rouge traçante a surtout porté sur son aspect, celle des deux autres fétuques rouges sur leurs aptitudes à résister aux piétinements.

La fétuque rouge traçante

Son principal avantage est qu'elle reste plus verte en été, résistant à des périodes de sécheresse courtes. Parmi ses inconvénients, on relève qu'elle est moins dense et fine que les autres et plus sensible au piétinement.

La fétuque rouge demi-traçante

Elle a un bel aspect, n'est pas trop sensible à la sécheresse, tout en restant verte en hiver (critère assez variable selon les variétés). C'est aussi la moins sensible des trois fétuques rouges au piétinement. Son inconvénient : elle s'installe lentement.

Des améliorations…

En raison de ses qualités (résistance au piétinement, semis facile et pousse rapide), le ray-grass a fait l'objet de nombreuses améliorations. L'une d'entre elles a consisté à sélectionner les variétés les plus fines, l'apparentant aux gazons « de luxe ». Une autre amélioration a visé à réduire sa vitesse de pousse de façon à produire moins de végétation. On a ainsi un comportement assez différent entre les meilleures variétés pour gazons et les plus courantes et économiques.

La fétuque rouge gazonnante

La plus belle et la plus réputée des fétuques rouges peut être tondue très ras sans inconvénient. En contrepartie, c'est l'espèce qui supporte le plus mal le piétinement, qui peut jaunir le plus rapidement et dont l'installation est la plus lente.

La fétuque élevée

Autrefois négligée, car elle présentait surtout des qualités fourragères, elle est aujourd'hui plus utilisée (elle constitue souvent 10 %, voire davantage, des mélanges pour gazons) en raison des améliorations dont elle a bénéficié.

La fétuque élevée a fait une entrée remarquée parmi les graminées à gazon.

La fétuque élevée est avant tout une graminée rustique. Très résistante aux maladies, elle supporte aussi bien la sécheresse estivale que les excès d'eau en hiver. Elle résiste bien au piétinement.

Si elle a si longtemps été mise de côté par les spécialistes des gazons, c'est qu'elle convient a priori peu dans cet usage: elle jaunit en hiver, elle a un aspect grossier et peu dense. Elle fournit également énormément de matière, d'où la nécessité de la tondre très souvent. De plus, elle met du temps à s'installer.

Les obtenteurs ont cherché à conserver sa rusticité, tout en gommant une partie de ses inconvénients. C'est ainsi qu'ils ont sélectionné des variétés plus denses et plus fines, poussant aussi plus lentement: on est arrivé à gagner une tonte sur trois. Ainsi, on peut employer la fétuque élevée pour des gazons rustiques.

Les fétuques sont rustiques et supportent bien les sécheresses estivales.

La fétuque ovine

Moins utilisée qu'il y a trente ans, la fétuque ovine reste incontournable pour verdir les sols pauvres et secs.

Elle prospère dans les sols ingrats, secs, voire arides, qu'ils soient siliceux ou calcaires. D'une couleur vert foncé nuancé de bleuâtre, ses feuilles très fines forment un gazon dense et durable.

Le reproche principal qui lui est fait est qu'elle pousse lentement et met du temps à s'installer. Elle jaunit un peu en hiver (sans craindre le froid) et sa résistance au piétinement répété est controversée. On la réserve souvent aux mélanges « à faible entretien » dans des zones peu fréquentées.

Le pâturin des prés

Il y a trente ans, le pâturin était beaucoup plus utilisé dans la composition pour gazons, en particulier ceux qui étaient destinés aux terrains de sport. Il n'entre plus que pour 2 % dans les mélanges pour gazons.

Le pâturin est une des graminées les plus résistantes au piétinement.

Le défaut du pâturin : une texture un peu grossière.

C'est une des graminées les plus résistantes au piétinement (la troisième après les fétuques résistantes et le ray-grass). Grâce à ses rhizomes souterrains, le pâturin peut coloniser rapidement les parties laissées à nu par un usage trop intensif. C'est d'ailleurs la raison essentielle de son emploi. Par ailleurs, il résiste bien au froid et à la chaleur.

Noms latins et français des principales graminées

Nom français	Nom latin
Agrostide stolonifère	*Agrostis palustris*
Agrostide commun	*Agrostis tenuis*
Fétuque rouge	*Festuca rubra*
Fétuque ovine	*Festuca ovina*
Fétuque élevée	*Festuca eliator*
Fléole bulbeuse	*Phleum bertolonii*
Herbe des Bermudes	*Cynodon dactylon*
Pâturin des prés	*Poa pratensis*
Pâturin commun	*Poa trivialis*
Ray-grass anglais	*Lolium perenne*

S'il est actuellement un peu délaissé, c'est qu'il fait des gazons d'une texture assez grossière. Il est en outre lent à s'installer, ce qui nécessite un lit de semences très soigné et exempt de mauvaises herbes. Le pâturin est également sensible à certaines maladies comme la rouille.

Les agrostides

Elles forment la cinquième graminée utilisée pour les gazons. Elles sont à la base des gazons de luxe et de ceux qui font les « greens » des terrains de golf. Si on recourt moins à elles, c'est en raison des améliorations d'autres espèces plus faciles à installer.

Les agrostides sont la base des gazons de luxe, d'ornement ou des greens de golfs.

On distingue plusieurs espèces: l'agrostide commune, autrefois peu employée, mais qui connaît un intérêt croissant, l'agrostide stolonifère, ainsi que l'agrostide de Castille.

Les agrostides forment un tapis très fin et dense qui supporte les tontes très courtes (5 mm, voire moins). Elles présentent aussi une bonne résistance à un piétinement modéré et se montrent indifférentes au froid. Si on les emploie peu, c'est que leurs semences sont minuscules, rendant par conséquent leur installation difficile. En outre, elles jaunissent en été (sauf l'agrostide de Castille).

Les autres graminées pour gazon

Les cinq espèces citées ci-dessus représentent l'essentiel des graminées employées pour les gazons. Des sélections sur les ray-grass et les fétuques font que la liste des graminées pour gazon a quelque peu diminué au fil des ans. On emploie par exemple moins la fétuque ovine ainsi que les fléoles et les bromes.

La **fléole bulbeuse** est parfaite pour les terrains de sport, du fait de sa très bonne résistance au piétinement et à l'arrachement, elle est aussi très pérenne en raison de sa résistance au froid. Toutefois, à cause de ses petites graines, elle nécessite un sol très bien préparé. Enfin, son feuillage grossier ne la destine pas à l'ornement. Elle reste très rare.

Le **pâturin commun** connaît également un regain d'intérêt, notamment parce qu'il convient à l'ombre.

Citons aussi le ***Cynodon dactylon*** (chiendent pied-de-poule), indiqué pour les régions du sud: il ne nécessite pas d'arrosage pour rester vert, sa croissance est faible. Il supporte davantage le gel qu'on pourrait le penser (jusqu'à – 15 °C). De fait, comme il résiste bien à la chaleur et au manque d'eau, on le sème de plus en plus au nord de la Loire.

Enfin, on trouve quelquefois dans certains mélanges des espèces qui ne sont pas d'emploi courant pour les pelouses. C'est par exemple le cas de la canche flexueuse, en principe destinée aux sols acides, qui se retrouve pourtant dans des mélanges universels de bas de gamme.

Des mélanges adaptés à chaque situation

Piétinements répétés

Les mélanges devront présenter au moins 60 % des espèces les plus résistantes: ray-grass anglais, fétuques et pâturins.

Agrément

Les mélanges courants, qui conviennent à une large palette d'utilisation et sont faciles à installer, font nécessairement appel à des ray-grass – de 30 à 40 % au moins. Cependant, il y a ray-grass et ray-grass: les variétés récentes, très améliorées, en particulier pour la finesse du feuillage et la croissance modérée, sont aussi beaucoup plus onéreuses (il faut une quinzaine d'années pour mettre au point une nouvelle variété: le prix s'en ressent forcément). Les variétés courantes, dont la multiplication n'est plus protégée, sont bien meilleur marché. Elles nécessitent notamment plus de tontes – on a gagné une tonte sur quatre. On doit se méfier, en particulier, des appellations telles que « gazon rustique »: le mélange sera sans doute facile à installer, mais nécessitera ensuite plus d'entretien!

Ornement

Pour obtenir un tapis dense et fin, il faut une bonne proportion de fétuques et

La pelouse d'ornement doit comporter fétuques et agrostides et/ou des variétés haut de gamme de ray-grass.

d'agrostides, ou alors des ray-grass de haut de gamme, comme dans les mélanges ayant obtenu le label rouge (voir encadré).

Sécheresse

50 % de fétuques permettent d'obtenir un gazon plus résistant à la sécheresse. À noter : si l'on veut éviter d'arroser son gazon l'été, on peut avoir intérêt à choisir un mélange spécial terrains secs, même si le terrain n'est pas spécialement séchant.

Pousse lente

Là encore, les fétuques permettent d'espacer les tontes, de même que les variétés récentes et de haut de gamme des ray-grass anglais.

Ci-contre et ci-dessous : *Ne semez pas du gazon à base de ray-grass à l'ombre des arbres.*

Ombre

Les graminées ne sont pas, en règle générale, des plantes d'ombre, que celle-ci soit due à une exposition défavorable ou à la concurrence avec des arbres, des arbustes ou des haies. On peut le constater facilement dans les champs. Cependant, les fétuques, en particulier la rouge traçante, se comporte bien à l'ombre, de même que le pâturin commun (il n'en est pas de même du pâturin des prés). Le ray-grass anglais, en revanche, supporte mal l'ombre.

Résistance à la submersion

Le ray-grass anglais craint les inondations. Dans les terrains pouvant être submergés, fétuque élevée, agrostides et fléole s'avèrent résistantes et, dans une moindre mesure, les fétuques rouges.

Bord de mer

Dans la nature, les embruns salés sélectionnent certains types de « pelouses »

Les gazons de « haute qualité »

Depuis 1987, un « label rouge » existe pour distinguer les mélanges pour gazons de haute qualité, à partir d'un cahier des charges établi par le ministère de l'Agriculture. Celui-ci définit les règles de composition selon les catégories d'emplois, la liste des variétés utilisables et les contrôles. Les mélanges distingués par ce label utilisent les variétés de haut de gamme des graminées les plus adaptées dans chaque catégorie.
Le label rouge définit trois catégories: sports et jeux; détente et agrément; ornement.
Dans la catégorie « sports et jeux », il existe deux spécialités, les mélanges pour « terrains secs » et pour les « regarnissages ». Dans la catégorie « détente et agrément », il y a aussi un mélange spécial pour « terrains secs ». Enfin, pour les gazons ornementaux, deux spécialités sont prévues: « ornement fin » et « ornement très fin ».

Parmi les graminées qui supportent les embruns, citons les fétuques.

(au sens écologique de ce mot). Certaines graminées supportent en effet la présence de sel. Les fétuques rouges, la fétuque élevée, l'agrostide stolonifère et le pâturin des prés supportent la présence de sel mieux que le ray-grass anglais.

Faible entretien

Là encore, les diverses fétuques sont sollicitées, avec une adjonction de trèfle blanc (cette légumineuse fournit de l'azote aux graminées), qui est peu gourmand en eau et colonise rapidement le moindre endroit dénudé. Certains mélanges fleuris (gazon suisse, gazon japonais) sont également destinés à des pelouses qui ne seront pas entretenues très fréquemment et peuvent par exemple coloniser rapidement et esthétiquement des talus.

Les caractéristiques des principales graminées à gazon

Espèce	Nom latin	Nombre de graines par gramme	Durée de levée	Pérennité
Agrostide stolonifère	*Agrostis palustris*	*14 000 à 17 000*	*4 à 16 jours*	*Bonne*
Agrostide commune	*Agrostis tenuis*	*13 000 à 20 000*	*7 à 16 jours*	*Bonne*
Fétuque rouge gazonnante	*Festuca rubra*	*800 à 1 200*	*12 à 28 jours*	*Très bonne*
Fétuque rouge traçante	*Festuca ovina*	*800 à 1200*	*12 à 24 jours*	*Très bonne*
Fétuque élevée	*Festuca eliator*	*400 à 500*	*6 à 12 jours*	*Très bonne*
Pâturin des prés	*Poa pratensis*	*3500 à 5000*	*12 à 28 jours*	*Bonne*
Ray-grass anglais	*Lolium perenne*	*500 à 650*	*5 à 12 jours*	*Assez bonne*

(*) La présence de stolons (aériens) et de rhizomes (souterrains) permet aux graminées de regarnir rapidement les parties dénudées par un piétinement excessif ou par la pose d'objets ayant fait pourrir le gazon. Ce sont des espèces « traçantes » choisies dans les mélanges pour « regarnissage ».

Ombre	Présence de rhizomes et de stolons	Résistance à la sécheresse	Résistance au froid	Résistance aux coupes fréquentes
Assez bonne	*Stolons feuillus*	*Faible*	*Faible*	*Très bonne*
Assez bonne	*Rhizomes courts*	*Moyenne*	*Moyenne*	*Très bonne*
Très bonne	*Non*	*Bonne*	*Bonne*	*Très bonne*
Très bonne	*Rhizomes et stolons selon variétés*	*Bonne*	*Bonne*	*Très bonne*
Assez bonne	*Parfois rhizomes*	*Très bonne*	*Bonne*	*Très bonne à bonne*
Mauvais	*Rhizomes*	*Bonne*	*AB*	*Très bonne à bonne*
Mauvais	*Non*	*Faible*	*Bonne*	*Très bonne à bonne*

Les caractéristiques des principales graminées à gazon

Espèce	Nom latin	Résistance au piétinement	Vitesse de croissance	Vitesse d'installation	Agressivité
Agrostide stolonifère	*Agrostis palustris*	*Assez bonne*	*Lente*	*Assez lente*	*Très agressive*
Agrostide commune	*Agrostis tenuis*	*Assez bonne*	*Lente*	*Assez lente*	*Agressive*
Fétuque rouge gazonnante	*Festuca rubra*	*Faible et assez bonne*	*Lente*	*Rapide*	*Faible*
Fétuque rouge traçante	*Festuca ovina*	*Faible et assez bonne*	*Lente*	*Rapide*	*Faible*
Fétuque élevée	*Festuca eliator*	*Très bonne*	*Rapide*	*Assez rapide*	*Agressive*
Pâturin des prés	*Poa pratensis*	*Moyenne à très bonne*	*Moyenne*	*Lente*	*Moyenne*
Ray-grass anglais	*Lolium perenne*	*Très bonne*	*Rapide*	*Très rapide*	*Très agressive*

Des solutions alternatives À LA PELOUSE

Il faut distinguer le caractère esthétique du gazon de son rôle utilitaire. La pelouse composée de graminées sélectionnées est la seule formation végétale qui peut être régulièrement foulée et piétinée sans dépérir. Lorsqu'elle est destinée aux jeux des enfants, par exemple, ou à faire usage de salon d'été, aucune autre plante ne peut la remplacer.

Gazon pour régions chaudes et sèches

Dans les régions méditerranéennes, une pelouse peut paraître incongrue. Cependant, les pelouses sèches sont des formations végétales typiques de ces régions, adaptées à l'aridité. Il existe néanmoins quelques plantes qui restent vertes en été et supportent plusieurs semaines sans le moindre arrosage – tout au moins lorsqu'elles se sont installées.

Gazon kikuyu (*Pennisetum clandestum*)

Citons tout d'abord le gazon kikuyu (*Pennisetum clandestum*), parent du chiendent, bien adapté au sud de la France ainsi qu'en bord de mer. Il est d'origine tropicale et ne supporte guère le gel. Il s'installe lentement et nécessite donc des soins attentifs au départ (désherbages, arrosages). Il devient ensuite assez envahissant. Moelleux au pied, il jaunit en hiver. On le nomme parfois « gazon d'Espagne » parce qu'il est de plus en plus employé dans ce pays – cette expression est cependant traditionnellement réservée à l'*Armeria maritima*.

Le zoyzia japonais

Le zoyzia japonais brunit sous l'action du froid. Bien connu aux États-Unis, il peine cependant à s'imposer. Comme le précédent, il fait partie des graminées dont la dormance est inversée par rapport à celle de nos régions : il reste vert en été – il demande au moins un bon arrosage par été, il ne supporte pas plus d'un mois de sécheresse – et jaunit en hiver. Il se reproduit essentiellement par bouturage et repiquage. Le semis semble un peu aléatoire.

Cynodon dactylon l'herbe des Bermudes

Il paraît moins intéressant pour constituer un tapis vert que *Cynodon dactylon*, l'herbe des Bermudes, qui ressemble à un chiendent (on l'appelle aussi chiendent pied-de-poule). Il est souvent employé pour les revêtements des stades par exemple. Il est d'installation assez délicate et blanchit en hiver. Rustique, puisqu'il résiste à – 15 °C, on commence à l'employer au nord de la Loire. Il est vendu par plusieurs pépiniéristes par correspondance.

Zoysia tenuifolia ou gazon des Mascareignes

Citons encore *Zoysia tenuifolia*, ou gazon des Mascareignes, lent à s'établir, nécessitant de nombreux soins la première année. Un piétinement même intensif ne le gêne pas et lui permet de rester nain. Il jaunit dès que la température descend au-dessous de – 5 °C.

Paspalum notatum Herbe de Bahia

Paspalum notatum (herbe de Bahia) est de croissance rapide. Il résiste à la canicule et aux embruns salés, comme tous les précédents. Il nécessite peu d'entretien, mais ne supporte pas les gelées.

Plantes couvre-sol supportant le piétinement

Il ne faut pas rêver : peu de plantes autres que les graminées habituelles se prêtent à l'établissement d'un tapis pouvant être foulé régulièrement. Voici néanmoins une liste d'espèces supportant un certain piétinement.

Verveine nodiflora (Lippia nodiflora)

La verveine nodiflora *(Lippia nodiflora)* supporte à la fois l'ombre et la sécheresse, semi-persistante (elle est moins esthétique l'hiver). Peut être piétinée sans réticence. Il existe une autre verveine, dite verveine mousse *(Verbena tenuisecta)*, très intéressante pour constituer des coussins denses en climats méditerranéens (résiste bien à la sécheresse, mais pas aux froids vifs ou prolongés).

Buffalo grass, ou faux kikuyu (Stenotaphrum secundatum)

Le buffalo grass, ou faux kikuyu *(Stenotaphrum secundatum)* supporte le piétinement, même intensif, jaunit en hiver,

Le serpolet, bien taillé, peut former un tapis dense en jardin sec.

Une variété de thym, dit laineux, est apte à constituer des tapis très denses et nains.

peu envahissant et agressif (donc pas très adapté à former un gazon).

Camomille tchihachewii (*Matricaria tchihachewii*)

La camomille tchihachewii *(Matricaria tchihachewii)* supporte un certain piétinement. Ce couvre-sol doit être tondu après floraison pour rester dense.

Serpolet (*Thymus serpyllum*)

Le serpolet *(Thymus serpyllum)* est adapté aux jardins secs, à tailler après floraison pour garder un port prostré. Une variété de thym, dit laineux, en raison de son aspect *(Thymus praecox pseudolanuginosus)*, forme des tapis très denses et très bas (5 cm). Elle supporte un léger piétinement.

Kidney weed (*Dichondra repens*)

Le kidney weed *(Dichondra repens)* supporte un peu de piétinement, adapté aux coins ombragés, supporte – 10 °C (mais les feuilles noircissent à – 8 °C). Craint la concurrence des adventices.

Frankenia laevis

Le feuillage de *Frankenia laevis*, qui devient rouge foncé en hiver, supporte d'être foulé modérément ; pousse rapide ; convient aussi pour le bord de mer.

Attention

Il ne faut surtout pas confondre la verveine nodiflora (Lippia nodiflora) *avec* Lippia canescens, *une verveine rampante connue sous le nom de fraise de mer, devenue problématique dans les prairies humides près de la Méditerranée. De même, la griffe de sorcière* (Carpobrotus acinaformis) *est capable de former des tapis sur les sols les plus caillouteux et arides, y compris en bord de mer. Présentant une floraison très spectaculaire, elle est devenue une menace pour les écosystèmes méditerranéens fragiles. Les deux plantes avaient été introduites pour constituer des couvre-sol dans ces régions !*

Plantes tapissantes pour couvrir les lieux non piétinés

Helxine (*Soleirola soleirolii*)

L'helxine *(Soleirola soleirolii)* pousse rapidement à l'ombre ou à la mi-ombre, supporte – 10 °C (à – 5 °C, les feuilles noircissent, mais sans autre conséquence). Convient pour couvrir le pied des arbres et des arbustes par exemple.

Sagine subulée

La sagine subulée, très rustique, supporte mal la sécheresse. Employée pour remplir les joints entre les dalles. Peut envahir le gazon avoisinant s'il n'est pas piétiné (problème dans certains greens de golf).

Gazon d'Espagne.

Gazon d'Espagne (*Armeria maritima*)

Rustique, le gazon d'Espagne *(Armenia maritima)* n'aime pas les sols humides mais supporte les sols pauvres.

Les plantes de rocailles

Il faut aussi penser aux différentes plantes de rocaille et couvre-sol, dont il existe de nombreuses espèces convenant aussi bien pour le soleil, la mi-ombre ou l'ombre, sous différents climats et dans différentes qualités de sols. Au soleil, on peut citer la pulmonaire, les œillets couchés, l'alysse jaune, les aubriètes, les phlox mousse, plusieurs saxifrages (le saxifrage hypnoïdes, ou gazon turc, notamment), les sédums, les heuchères et les millepertuis *(Hypericum calycinum* et *H. olympicum)*.

À mi-ombre, on trouvera pervenches, ibéris, géraniums vivaces et campanules de murs.

À l'ombre, préférez *Pachysandra terminalis, Saxifraga umbrosa,* bugle rampant, épimède, lamier taché, *Bergenia cordifolia* et plectanthrus panaché.

Helxine.

Couvrir les lieux non piétinés

Bugle rampant (*Ajuga reptans*)

Vivace persistante, à fleurs bleu foncé de mai à juillet. Un peu envahissante (stolons), mais elle se maîtrise facilement. Sol : ordinaire. Exposition : toutes situations. Hauteur : 30 cm.

Aubriète (*Aubrieta*)

Vivace au feuillage persistant gris-vert lumineux, très compacte. Fleurs roses, blanches ou violettes de mars à juin. À tailler après floraison. Sol : ordinaire, un peu frais. Exposition : soleil ou mi-ombre. Hauteur : de 10 à 20 cm.

Alysse jaune (*Alyssum saxatile*)

Vivace au feuillage gris-vert persistant. Fleurs jaune vif au printemps. Rabattre après floraison. Il faut renouveler les pieds tous les 4 ans environ. Sol : sec. Exposition : soleil. Hauteur : de 15 à 40 cm.

Pervenche (*Vinca minor*)

Vivace à feuillage persistant coriace (supportant même le piétinement), s'étalant sur de grandes surfaces (peut devenir assez envahissante). Fleurs bleu clair à violet foncé ou blanches au printemps. Nombreuses variétés. Sol : ordinaire. Exposition : soleil, mi-ombre ou ombre (sous-bois). Hauteur : de 10 à 30 cm.

Gazons fleuris, jachères fleuries, prairies fleuries

C'est la tendance: pour les parties de pelouses qui ne servent pas au passage, on veut une couverture végétale mêlant herbe et fleurs, un peu comme dans les prairies permanentes. Ces prés comprennent des graminées et des légumineuses, consommées par les animaux, mais aussi nombre d'autres plantes à fleurs. Moult formules ont vu le jour, qui proposent des mélanges très différents.

Les mélanges de prairies fleuries comprennent des espèces pérennes en plus des graminées.

◇ Les gazons fleuris

Il s'agit de graminées à gazon auxquelles on a adjoint des vivaces basses. Ce gazon est tondu régulièrement, mais moins souvent qu'un gazon ordinaire, assez haut pour que les pâquerettes puissent fleurir et prospérer, comme pour le mélange baptisé « gazon suisse ».

◇ Les « gazons » de fleurs

L'appellation de gazon est ici impropre et trompeuse: il s'agit d'un mélange de fleurs naines et annuelles, sans aucune graminée, comme le gazon fleuri japonais. Le

Dans les mélanges de « prairies fleuries », il en existe à dominante bleue, rouge, etc.

terme « pelouse », qui désigne une couverture végétale courte et diversifiée, aurait mieux convenu.

La jachère fleurie

Il y a quelques années, des mélanges de fleurs annuelles ont été conçus pour ensemencer les jachères agricoles. Les jachères sont des parcelles ne portant pas de culture pendant une saison. Afin qu'elles ne soient pas envahies par de mauvaises herbes, on peut semer un couvert, qui a en outre l'avantage d'offrir un abri à la faune. Des mélanges de fleurs annuelles robustes ont été proposés, qui améliorent l'esthétique de la campagne, par exemple les abords de fermes. Ces mélanges sont désormais proposés aux particuliers, dans des conditionnements adaptés. Ils sont évidemment à renouveler chaque année.

Les prairies fleuries

Il s'agit de mélanges comprenant des espèces pérennes qui n'ont pas besoin d'être semées chaque année. Il y a aussi des fleurs annuelles et d'autres bisannuelles – dans ce cas, il vaut mieux semer en fin d'été. On trouve une grande diversité de mélanges comportant parfois un mélange de graminées et de fleurs sauvages, parfois un mélange de fleurs à semer en même temps qu'un gazon. D'autres spécialités sont conçues pour des terrains ombreux, ou un peu humides, ainsi que pour des terrains secs, voire méditerranéens. On trouve aussi des mélanges avec des fleurs à dominante bleue, rouge, etc., ou pour une végétation haute ou basse.

Mettre en place une prairie fleurie

Comment procéder ?

Si vous souhaitez transformer une pelouse en prairie fleurie, il n'est pas nécessaire de la retourner. La première coupe se fait courte (4 cm), puis vous ferez six coupes assez hautes (8 cm) dans l'année, en ramassant l'herbe, de façon à amaigrir le sol.

La deuxième année, il ne faudra faucher que deux fois, haut (au moins 10 cm), toujours en ramassant le foin. Année après année, le sol deviendra un peu plus pauvre, mais s'enrichira d'un plus grand nombre d'espèces. Il faut cependant plusieurs années pour que le gazon évolue vers une vraie prairie.

Il existe une solution radicale pour accélérer ce processus : décaper le sol sur 10 cm – la partie la plus humifère et riche – et semer un mélange de graminées pour terrains secs et de fleurs vivaces, annuelles et bisannuelles.

D'où viennent ces fleurs ?

D'où peuvent venir les fleurs des prairies fleuries, si l'on n'en sème pas ? Elles sont tout simplement apportées par le vent et les animaux pour une part, mais viennent aussi du sol, où elles étaient en dormance. Pensons que la moindre parcelle laissée en friche dans un centre-ville, cernée de toutes parts d'immeubles et de bitume, se peuple pourtant d'une végétation bientôt foisonnante qui arrive à prospérer dans un sol composé en partie de gravats.

Sans décaper le sol, on peut partir d'un sol nu pour semer le mélange de son choix. Attention : la proportion de fleurs est souvent minime, moins de 10 % à 20 %. Il existe des semences de fleurs (qui comprennent souvent une vingtaine d'espèces ou de variétés) qui sont à mélanger à un gazon (choisissez un mélange comprenant beaucoup de petites fétuques, rouges et ovines). Il n'est pas indispensable de mélanger préalablement graminées à gazon et fleurs, cela peut se faire successivement, en veillant

Rien qu'en espaçant les tontes, on peut voir réapparaître des plantes fleuries.

La prairie fleurie peut comporter des annuelles aux coloris très variés.

à les recouvrir au râteau puis à rouler et à arroser en pluie pour que les graines adhèrent bien à la terre. Pour faciliter un semis régulier, mélangez une partie des graines à cinq parts de sable bien sec.

Vous pouvez également partir d'une vieille pelouse sévèrement scarifiée, où le feutrage aura soigneusement été enlevé (utilisez un scarificateur à moteur thermique, avec des passes croisées). Le sol sera en partie dénudé et vous pourrez alors semer un mélange de fleurs des champs, toujours en passant le râteau, puis le rouleau.

Pour appauvrir le sol tout en facilitant le drainage, vous pouvez répandre du sable grossier – pas de sable fin, qui n'améliore pas la texture du sol, bien au contraire s'il est argileux – voire du gravier. Profitez de cet apport pour semer votre mélange fleuri.

L'ENTRETIEN

Le fauchage de ces prairies se fait en fin d'été. On peut aussi opter pour des fauches différées, entre juin et septembre, selon les endroits, pour favoriser les espèces de printemps, d'été ou d'automne. En tout cas, après avoir laissé sécher quelques jours les coupes, pour permettre que les plantes se ressèment, il faut les enlever. Ne fauchez pas court (au moins 10 cm de haut), pour ne pas favoriser les chardons et les orties.

La prairie fleurie n'est pas faite pour être empruntée régulièrement par les enfants et les animaux: il faut la réserver aux parties les moins utilisées du terrain. Elle est d'un effet spectaculaire qui fera l'admiration du voisinage!

En réglant la tondeuse à hauteur de tonte moyenne, on favorise les pâquerettes.

ASTUCE

Pour pouvoir circuler dans cette prairie, n'oubliez pas de placer quelques pierres « passe-pieds »!

Installation et entretien

La mise en place d'une PELOUSE

La préparation du terrain

Désherber

Des tontes fréquentes et courtes sélectionnent les graminées et éliminent la plupart des autres plantes. Mais le jeune gazon peut avoir des difficultés à s'établir s'il doit subir la concurrence des mauvaises herbes présentes dans le sol. Les rumex et les pissenlits, par exemple, de même que les chardons et les orties, seront soigneusement arrachés avec une gouge, de façon que toutes les racines soient enlevées, sans qu'il en reste une partie. La présence de chiendent est a priori moins gênante dans une pelouse que pour des plates-bandes ou un potager. Son principal inconvénient est sa tendance à jaunir en hiver. Agressif, il n'est pas facilement supplanté par le jeune gazon. Si l'on veut s'en débarrasser, le seul moment est celui du labour. Le liseron finit par disparaître à la suite de tontes répétées, bien que le moindre bout de racine puisse donner naissance à une plante.

Le meilleur moyen de désherber est le labour. Il a l'inconvénient de bouleverser les couches du sol, et donc de perturber son activité biologique. Dans le cas d'une culture pérenne comme le gazon, cet inconvénient devient très minime.

Sur une petite superficie, le labour avec retournement à la bêche est le plus efficace. Sur des surfaces plus grandes, le recours à un motoculteur est indispensable. L'emploi d'une charrue permet de retourner le sol, donc de favoriser le désherbage, les mauvaises herbes étant enfouies, leurs racines à l'air pouvant subir le gel, s'il y en a. Les fraises rotatives émiettent le sol, mais enfouissent moins la végétation. En les faisant fonctionner à faible vitesse, l'enfouissement est meilleur et le travail moins pénible – les racines de chiendent ou de liseron sont aussi moins fragmentées.

Il n'est pas nécessaire de bêcher profondément : de 15 à 20 cm sont suffisants pour implanter une pelouse.

Le faux semis

Cette pratique, connue de ceux qui font des jardins potagers, consiste à laisser nue la terre après le labour et la préparation pendant une quinzaine de jours, en arrosant éventuellement, s'il fait sec. Les graines de mauvaises herbes germeront,

Le labour, à la bêche ou au motoculteur, est le meilleur moyen de désherber.

ce qui permettra de les couper ou de les arracher pour celles qui ont des racines tenaces, et que l'on ne retrouvera pas dans le gazon. Dans le cas de terres « sales », on peut conseiller plusieurs faux semis.

Beaucoup d'adventices sont affaiblies puis détruites par des tontes répétées, il est rarement besoin d'employer un désherbant « sélectif » qui préserve les graminées. Toutefois, le chiendent résiste assez bien aux coupes. Par ailleurs, un désherbant sélectif est sans effet sur lui, puisqu'il fait partie des graminées. Le chiendent jaunit sous l'action du gel, d'où des plaques décolorées parsemant la pelouse.

Améliorer le sol

Dans la plupart des cas, il n'est pas nécessaire de modifier la nature du sol, les graminées étant relativement tolérantes, que le sol soit acide ou basique, qu'il soit riche ou non en matière organique. Dans le cas de remblais, à la suite de travaux de construction, la pelouse est souvent la meilleure façon de redonner vie au sol maltraité.

Il ne faut pas confondre engrais et amendement : l'amendement vise à changer la nature du sol. Un sol trop acide recevra de la chaux (des cendres de bois conviennent bien). Un sol trop argi-

Dans le cas du gazon, le bouleversement du sol occasionné par un labour est un inconvénient très minime.

leux peut être amélioré par l'apport massif de sable gros ou de petits graviers ; un sable fin peut avoir l'effet inverse ; du terreau, là encore en grosses quantités, améliore un sol de remblais. Évitez l'emploi de tourbe, qui met à mal des tourbières naturelles.

Nivellement

Il peut être nécessaire de niveler le sol : on emploie à cet effet un croc à fumier, qui permet en outre d'enlever les cailloux et les mauvaises herbes. Le croc permet aussi d'émietter les grosses mottes. Ce travail s'effectue sur une terre bien ressuyée, c'est-à-dire non collante, par temps sec.

Les semences de graminées étant très petites, le sol doit être très bien affiné.

Tassement

Le travail de la terre l'aère, en particulier le passage de fraises rotatives. C'est un facteur de fertilité ; un sol trop tassé asphyxie les plantes. Cependant, les graines doivent être en contact étroit avec la terre, et c'est pourquoi il faut créer un « lit de semence », en surface, où la terre est bien tassée, sans poche d'air. L'idéal est de pouvoir employer un rouleau – plus il est lourd, mieux c'est. Cela est d'autant plus important que les graines sont petites, ce qui est le cas des mélanges haut de gamme, composés de fétuques et d'agrostides, par exemple. En germant, les graines vont développer des racines qui ne peuvent prospérer qu'en l'absence de poches d'air. Un rouleau en deux parties, pas très courant, permet d'éviter les marques lorsqu'il faut tourner.

Affinage

Il est important de travailler quand la terre est souple et qu'elle s'émiette facilement. Il faut attendre que le réchauffement printanier ait permis au sol de se ressuyer, mais avant que le soleil l'ait desséché. C'est primordial dans les terres dites lourdes, où la proportion d'argile est importante. Travaillé trop tôt, ce type de sol est collant, trop tard, il se mue en béton. On peut se rendre compte de la texture en émiettant à la main une motte de terre.

La température est aussi un facteur important de réussite. Il faut dépasser les 10 °C, au niveau du sol, c'est-à-dire que les gelées doivent avoir disparu.

À proximité des bordures mixtes (mixed borders) de fleurs vivaces, il est d'usage de semer plus dense.

Pour affiner la terre, on se sert d'un râteau, qu'il faut éviter de planter dans le sol. Le bon geste consiste à le garder en surface – des dents recourbées facilitent ce travail. Plus les graines sont petites, plus cet émiettage doit être soigné. Il faut un temps sec pour cette phase.

N'enterrez pas les grosses mottes de terre, car elles produiront des taches jaunes dans la pelouse. Il faut les briser soigneusement.

Le semis

Pour un semis efficace, mieux vaut semer en deux fois, et donc conserver la moitié des graines pour un second passage. Sur une petite superficie, on peut semer à la main, en prenant une petite quantité de graines, lesquelles ont été placées dans une bassine ou un seau. On sème en faisant des bandes parallèles espacées de 2 m environ. N'oubliez pas de bien remuer le mélange de graines, pour que les plus grosses ne soient pas toutes ensemble. Il faut s'efforcer de semer le plus « clair » possible.

Densité

Pour évaluer la densité de semis, c'est-à-dire en avoir assez pour semer tout le terrain, vous pouvez peser la quantité de semences nécessaire pour couvrir 1 m^2,

Les graines doivent être couvertes sans pour autant être enterrées.

À noter que le semis de gazon est très dense. En agriculture, une prairie temporaire avec du ray-grass fourrager se fait sur la base de 30 kg de semences par hectare. C'est dix fois moins que les doses recommandées pour du gazon! Certes, un semis très dense éviter de lutter contre les adventices et permet d'obtenir des plantes poussant moins haut et moins vite, puisque disposant de moins d'espace vital. Cependant, la très forte densité de semences recommandée sur les emballages destinés aux particuliers prend en compte leur inexpérience en matière de semis. Un bon lit de semences, un semis régulier au semoir et un rouage permettraient certainement de diviser les doses par deux. 300 kg/ha signifie plus de 5 graines au cm^2: toutes ne peuvent pas arriver à prospérer!

Cela dit, ce serait une grosse erreur que de prendre du RGA destiné à l'agriculture pour implanter une pelouse: celui-ci a été sélectionné pour produire un maximum de végétation.
Si la parcelle était rapidement enherbée, il faudrait ensuite la tondre beaucoup plus souvent.

selon la préconisation du fabricant. Par exemple, si l'on a un paquet de 3 kg destiné à un terrain de 100 m^2, ce qui donne 30 g pour 1 m^2. On s'efforcera de semer la totalité de cette superficie avec la poignée, en visualisant ainsi la densité des graines répandues sur le sol.

Un semoir est très utile pour ensemencer de vastes superficies.

Parcours

Pour visualiser le parcours en zigzag sur le terrain, notamment si celui-ci est assez vaste, vous pouvez passer une brouette, la roue marquera le sol: il n'y aura plus qu'à suivre la trace, en marchant sans hésiter ou ralentir pour un semis également plus régulier.

La seconde moitié de semences est répartie en empruntant un parcours perpendiculaire au premier, de façon à éviter des « trous ».

Sur des surfaces plus importantes, il est préférable d'employer un semoir, qui répartit mécaniquement les graines d'une façon plus uniforme. Là encore, deux passages croisés permettent un ensemencement le plus régulier possible. Il existe des semoirs à main et des semoirs à roues, plus onéreux.

Recouvrir les graines

Les graines doivent ensuite être couvertes, sans pour autant être enterrées. Un passage de râteau, en tous sens, avec légèreté, suffit à mêler les semences à la terre. Le plus important est de passer ensuite un rouleau, qui va coller les graines au sol, ce qui leur permettra de germer rapidement. Si vous n'avez qu'un petit carré à engazonner, vous pouvez vous servir d'une grosse planche que vous fixez sur les dents du râteau, utilisé verticalement: le sol est ainsi damé. À défaut, servez-vous du râteau en l'appuyant verticalement, toujours pour que les graines soient en contact étroit avec la terre.

Soins au semis

En principe, on sème à la fin de l'été, au moment où la terre est chaude et où il pleut. Si la pluie fait défaut (en particulier si le soleil brille toute la journée), il peut être nécessaire d'arroser.

Si la pluie est au rendez-vous, il faut se méfier des limaces. Dans certains cas, il faut épandre des produits anti-limaces possédant un produit amérisant, pour ne pas empoisonner les animaux attirés par les granulés.

Dès que les feuilles du gazon atteignent 3 cm de haut, vous pouvez passer le rouleau sans craindre d'abîmer les pousses, qui ne sont fragiles qu'en apparence: cela favorise l'émission de nouvelles feuilles. C'est ce que l'on appelle le « tallage » des graminées, qui multiplient leurs brins horizontalement à partir d'une seule racine. Il faut cependant attendre d'être au stade « trois feuilles », de trop jeunes plants pouvant pourrir. Attention, rouler sur un sol humide a un effet négatif: la terre ayant tendance à coller au rouleau, les plantules sont alors soulevées du sol.

Le « filet »

Les professionnels forment souvent un sillon qui borde la pelouse et qui est ensemencé plus épais: c'est ce que l'on nomme le « filet ». On forme ce léger sillon avec le manche du râteau.

Dès que le gazon atteint 3 cm de haut, on peut passer le rouleau pour faciliter le « tallage ».

La première tonte

On peut commencer à tondre le jeune gazon dès qu'il atteint de 8 à 10 cm de haut, en laissant la hauteur de coupe de la tondeuse au maximum – elle ne doit pas arracher les jeunes brins de gazon. Là encore, le rouleau, décidément un outil précieux, permet de « rechausser » les plantules, c'est-à-dire de les coller à la terre. Il ne faut pas tondre trop tôt le gazon, surtout avec une tondeuse rotative, qui peut « aspirer » les jeunes plantules pas encore bien enracinées.

Les meilleurs moments pour implanter une nouvelle pelouse

La température du sol doit atteindre au moins 10 °C pour que les graminées poussent. Il faut également de l'humidité. Pour une grande partie de la France, ces deux conditions sont réunies en septembre ou en avril-mai. Selon les régions et les années, on peut parfois semer courant mars ou début octobre. Juin est évidemment très poussant, mais il faut envisager des arrosages, si le temps est sec, pour obtenir une levée régulière. Par ailleurs, les conditions météorologiques des mois de juillet et d'août ne sont pas

Première tonte : dès que le gazon atteint 8-10 cm de haut.

favorables à la croissance du gazon. C'est pourquoi il vaut toujours mieux semer une pelouse en fin d'été, mais pas trop tard, pour que les graminées aient le temps de s'implanter avant l'apparition des premières gelées, qui vont stopper leur croissance. Les gazons semés début septembre sont généralement plus denses et robustes que ceux de printemps, tout en nécessitant moins de soins et d'arrosages.

Le gazon de placage

Des entreprises proposent du gazon « de placage », à l'origine pour l'implantation des terrains de sports et autres, mais de plus en plus pour les particuliers. Cultivé sur sable, il est découpé en plaques ou en rouleaux. À partir d'une préparation similaire à un semis, cette technique permet d'obtenir immédiatement un gazon utilisable. Le remplacement des parties abîmées est également facilité. Il existe différents types, selon les utilisations, y compris des gazons composés d'herbe des Bermudes (*Cynodon dactylon*) pour les terrains méditerranéens.

Le coût d'achat et d'implantation est évidemment nettement plus important (achat, livraison, mise en place, arrosage suivi pendant au moins trois semaines pour une bonne reprise). Son intérêt majeur consiste en un effet immédiat : en l'espace d'un week-end, le terrain nu est soudain recouvert d'un magnifique tapis de verdure.

Il existe aujourd'hui du gazon de placage, en plaques ou en rouleaux.

Après des travaux, ce gazon de placage permet de retrouver un tapis de gazon dense et bien vert.

La pelouse au fil des saisons

HIVER

Décembre

- Nettoyez ou faites réviser votre tondeuse et remisez-la.
- Ramassez les dernières feuilles mortes.
- Taillez les bordures.

Janvier

- Restez au chaud ! Et évitez de marcher sur une pelouse gelée, cela ne fait que l'abîmer.

Février

- Si vous installez votre pelouse, amendez votre sol.
- Commencez à désherber si les températures dépassent 10 °C.
- Restaurez les parties endommagées en semant si les températures dépassent 10 °C.
- Réparez les traces des taupes.

PRINTEMPS

Mars

- Si vous installez votre pelouse, nivelez le terrain pour préparer le semis.
- Restaurez les parties endommagées.
- Traitez contre la mousse si le temps est un peu humide.
- Effectuez une première tonte haute.
- Désherbez et retaillez les bordures.
- Scarifiez et faites un apport d'engrais si nécessaire.

Avril

- Si vous installez votre pelouse, semez le nouveau gazon.
- Tondez un peu plus court qu'en mars.
- Inspectez le matériel d'arrosage.
- Restaurez les parties endommagées.
- Scarifiez.

Mai

- Roulez le jeune gazon.
- Terreautez.
- Effectuez des tontes régulières.

ÉTÉ

Juin

- *Relevez la hauteur de tonte et tondez une fois par semaine.*
- *Arrosez régulièrement, de préférence le soir.*
- *Entretenez les bordures.*
- *Désherbez et fertilisez si besoin.*

Juillet

- *Si vous installez votre pelouse, préparez le terrain pour le semis.*
- *En cas de sécheresse : tondez moins souvent et haut, n'utilisez pas de produits chimiques.*
- *Roulez et scarifiez le gazon.*
- *Pour les prairies fleuries, fauchez.*

Août

- *Restaurez les parties endommagées.*
- *Pour les prairies fleuries, fauchez.*
- *En cas de sécheresse : tondez moins souvent et haut, n'utilisez pas de produits chimiques.*

AUTOMNE

Septembre

- *Récupérez le gazon desséché.*
- *Ramassez les feuilles mortes.*
- *Commencez d'espacer les tontes et rehaussez la hauteur de taille.*
- *Restaurez les parties endommagées en semant.*

Octobre

- *Roulez le jeune gazon afin de le fortifier avant l'hiver.*
- *Ramassez les feuilles mortes.*
- *Espacez de plus en plus les tontes.*
- *Griffez le sol pour ôter la mousse.*
- *Faites un apport d'engrais si besoin.*
- *Restaurez les parties endommagées en semant.*

Novembre

- *Griffez le sol pour ôter la mousse.*
- *Aérez le sol en scarifiant.*
- *Effectuez une dernière tonte.*
- *Si vous rénovez complètement votre pelouse, labourez entièrement votre terrain et ôtez toutes les racines.*

La rénovation

DU GAZON

Par suite de sécheresse ou de piétinement, à cause des taupes, la pelouse présente des « trous » à la fin de l'été. C'est le moment de la rénover : elle aura le temps de s'implanter en automne et au début du printemps et sera suffisamment robuste pour servir à la belle saison suivante.

La bonne période

C'est un fait que les semis de gazon d'automne connaissent une meilleure réussite que ceux de printemps. Les températures sont encore suffisantes et les pluies souvent au rendez-vous. D'autant qu'il n'y a pas besoin de bêcher la terre pour ces regarnissages : le sol est dur à la fin de l'été et ne s'assouplira qu'après des pluies répétées.

De fin août à début octobre est l'idéal, plus on avance vers la mauvaise saison, plus de petites gelées sont à craindre, qui vont stopper la croissance du jeune gazon.

La préparation

Il s'agit tout d'abord de tondre le plus court possible (en ramassant l'herbe). S'il y en a, on enlève la mousse au moyen

À droite : *Les taupinières : le cauchemar des amateurs de gazon.*

Ci-dessous : *Le meilleur moment pour rénover la pelouse est l'été.*

Il existe des mélanges dits « de regarnissage » pour resemer les parties dégarnies.

d'un râteau – il n'est pas besoin d'épandre auparavant un produit anti-mousse, qui la fait certes mourir, mais qui n'est pas plus difficile à enlever, qu'elle soit verte ou brune. On peut aussi procéder à une scarification avec un râteau spécial, le scarificateur. Pour de plus grandes superficies, le recours à un engin motorisé épargne des efforts. Celui-ci, si l'on peut régler la profondeur de travail, permet en outre une aération du sol.

Le semis

En choisissant un mélange de haut de gamme (ou un mélange spécial regarnissage, ce qui revient à peu près au même), on ensemence les parties dégarnies. On épand ensuite une couche très fine de terreau, puis on tasse aux pieds (par temps sec, évidemment), avec une planche à damer ou avec un rouleau. Un arrosage fin permet à la terre de coller aux graines (le plus souvent très petites).

Il faut attendre environ un mois pour tondre une première fois (la tondeuse étant réglée sur la plus grande hauteur de coupe).

Les graines enrobées

Pour regarnir les vieilles pelouses, il existe des semences enrobées qui germent et croissent plus facilement, en particulier si le sol n'a été que sommairement préparé. Mais le gain d'efforts a un prix: ces semences sont nettement plus onéreuses et ne sont vraiment adaptées que pour regarnir des « trous » limités (dus aux taupes, par exemple). Vérifiez aussi si l'enrobage contient ou non des pesticides.

Pourquoi la mousse envahit-elle le gazon ?

Les pelouses naturelles, en montagne ou au bord de la mer, par exemple, ne sont pas composées que de graminées, il y a aussi des fleurs et des mousses. « Les » mousses : il en existe en effet de nombreuses espèces, qui s'adaptent à des situations très diverses.

La présence de mousses envahissant le gazon est souvent le fait d'une exposition à l'ombre, d'une humidité stagnante, d'un sol trop compact ou d'un pH acide. On ne peut pas agir sur tous ces facteurs : la lutte contre la mousse est souvent à renouveler périodiquement.

Si les produits anti-mousse à base de sulfate de fer tuent effectivement la mousse, ils contribuent aussi à acidifier le sol, et donc à favoriser son retour, car pour la plupart, les graminées n'aiment pas un sol très acide. Il vaut mieux répandre du lithothamne (algues marines calcaires), sur la base de 1 kg pour 20 m². La scarification permet aussi de lutter contre l'envahissement de la pelouse par des mousses.

Il ne faut pas oublier que les graminées pour gazon ne sont pas éternelles. C'est un fait, par exemple, que le ray-grass anglais, d'installation rapide, a une faible pérennité : de l'ordre de quatre ans. Dans bien des cas, il faut donc songer à un regarnissage avec un mélange de haut de gamme où l'on trouvera des fétuques, réputées pour leur durabilité (une dizaine d'années).

Les mousses finissent par envahir les endroits ombreux de la pelouse.

Les produits anti-mousse à base de sulfate de fer ne sont pas forcément la panacée pour éliminer la mousse.

L'ENTRETIEN
de la pelouse

Les hauteurs de coupe

On considère généralement qu'une belle pelouse est constituée d'un gazon très court, sinon ras, et bien épais. Il est vrai que des coupes régulières favorisent les graminées et font disparaître la plupart des autres plantes. Les pâturins, les fétuques rouges et les agrostides supportent des tontes rases – les agrostides, souvent choisies pour les terrains de golf, peuvent être coupées à moins d'un demi-centimètre de haut.

Cependant, plus on tond court, plus on facilite un enracinement superficiel des graminées, lesquelles auront du mal à lutter contre la sécheresse. C'est pourquoi il est conseillé de ne pas tondre ras durant l'été, pour éviter les arrosages.

On doit également tondre un peu plus haut les parties à l'ombre, et faire la dernière tonte d'automne assez haute, à environ 8 cm, cela pour conserver au gazon toute sa robustesse et combattre l'installation de plantes indésirables. On considère que l'on ne devrait pas couper plus d'un tiers de la hauteur des herbes pour les maintenir en bonne santé.

Une régularité dans les tontes, c'est-à-dire en veillant à maintenir l'herbe à

Ci-contre : *Des coupes répétées et courtes favorisent les graminées mais les rendent plus sensibles à la sécheresse.*

À droite : *Pour empêcher trèfle et pissenlit d'envahir le gazon, il faut tondre et encore tondre.*

une hauteur constante, rend la pelouse plus robuste et plus résistante.

La tonte dépend en fait du climat. Dans les régions soumises à un climat océanique, c'est-à-dire frais, sans période de canicule, on peut tondre très court, deux fois par semaine en période « poussante », sans jamais ramasser: ce qui fournit l'engrais dont a besoin la pelouse. Ce régime de tontes très courtes et très régulières confère une bonne pérennité aux pelouses qui présentent une certaine diversité de plantes, sans que les adventices habituelles deviennent envahissantes.

Arroser sans gaspiller

Une question de bon sens

Une grande partie de la consommation d'eau estivale est affectée à l'arrosage des pelouses. Même si l'on ne se trouve pas dans une période de restriction due à une sécheresse, les jardiniers doivent apprendre à employer l'eau avec plus de parcimonie.

On doit tout d'abord accepter qu'un gazon puisse jaunir en été! Et s'il devient un paillasson sous l'effet de la canicule, il reverdit aux premières pluies. On peut dire que, à la belle saison, le gazon entre « en dormance », phénomène tout à fait naturel. Vouloir à tout prix un tapis vert tendre autour de sa maison est un non-sens du point de vue écologique. Il n'est pas non plus raisonnable de vouloir une pelouse si l'environnement est défavorable. Le gazon est une formation végétale typique des régions océaniques, et il est aussi utopique d'en installer un sous le soleil méditerranéen que de vouloir un jardin tropical dans le nord de la France. Le bon jardinier est aussi celui qui sait choisir les plantes et les variétés les plus adaptées à son jardin.

Choisir les bonnes espèces

Réduire les corvées d'arrosage de la pelouse commence très en amont, par le choix du mélange semé. Le ray-grass anglais convient aux régions à « climat anglais », sans chaleur excessive, et arro-

Une pelouse régulièrement arrosée est d'autant plus sensible à un manque d'eau du fait d'un enracinement superficiel.

Pour se passer d'arrosages, il faut choisir les bonnes espèces de graminées.

sées avec une certaine régularité. Les semenciers ont beaucoup amélioré ses qualités, mais on ne peut nier que cette plante préfère les climats doux et résiste mal à la sécheresse. On peut noter qu'en Angleterre même, ainsi qu'aux Pays-Bas et dans le nord-est des États-Unis, on utilise beaucoup moins le ray-grass qu'en France. Il est remplacé par le pâturin des prés, qui a bénéficié de nombreuses améliorations (notamment du point de vue esthétique) et résiste bien à la sécheresse. C'est aussi une graminée traçante, c'est-à-dire que ses rhizomes lui permettent de coloniser rapidement les endroits qui auraient été mis à nu (piétinement, taupinière).

Les fétuques rouges et la fétuque élevée présentent également une bonne résistance à la sécheresse : ce sont les spécialistes des terrains secs, car elles ont de faibles besoins en eau. Il y a donc intérêt à choisir un gazon à base de fétuques, c'est-à-dire un gazon de haut de gamme. Certes, le ray-grass est la graminée qui

BON À SAVOIR

Il en est de même du gazon comme des autres plantes : si l'on a pris l'habitude de l'arroser, il ne peut plus s'en passer. Certes, pour lever, il lui faut de l'humidité, mais ensuite, il doit pouvoir s'installer sans assistance, sauf si survient une période de sécheresse. Les racines iront pour cela chercher en profondeur l'humidité nécessaire. Il faut aussi savoir que plus on tond ras, plus l'enracinement est superficiel. Il suffit de maintenir la pelouse à 8 cm de hauteur pour qu'elle résiste mieux à l'absence de précipitations.

S'il faut arroser, ce doit être copieux.

s'installe le plus rapidement et qui résiste le mieux à la concurrence des autres plantes, mais préparer un bon lit de semences est à la portée de tous les jardiniers. À partir du moment où le sol a été bien préparé, qu'il n'est pas envahi d'adventices, le mieux est de choisir un mélange sans ray-grass.

Quand arroser ?

S'il faut arroser, mieux vaut que cela soit copieux. Comptez au moins de 4 à 5 litres d'eau par mètre carré. Les avis divergent quant aux meilleurs moments pour arroser. Certains conseillent le soir, voire la nuit, pour éviter l'évaporation. On a constaté que ces arrosages vespéraux pouvaient favoriser l'apparition de maladies cryptogamiques. Les arrosages du matin seraient plus favorables à une meilleure santé.

Faut-il fertiliser ?

Là encore, il y a herbe et herbe. Toutes les graminées n'ont pas les mêmes exigences. Parmi celles qui ont besoin d'un sol riche pour prospérer, il faut citer le ray-grass, le pâturin commun ainsi que la fétuque élevée, cette dernière nécessitant souvent des fumures azotées copieuses pour prospérer.

Parmi les frugales, on trouve les fétuques rouges, les agrostides et, dans une moindre mesure, le pâturin des prés.

Les coupes comme fertilisant

Un autre moyen d'assurer la fertilité du gazon est de ne pas ramasser les coupes, dans la mesure où elles sont finement broyées. De plus en plus de tondeuses sont équipées d'un accessoire de « mulching » – qui obture la trappe d'évacuation – l'herbe étant recoupée en petits fragments qui se décomposent rapidement. Il faut évidemment tondre très régulièrement, sinon les déchets forment des paquets qui étouffent le gazon.

Ci-dessus : *Il existe des engrais spécifiques pour pelouses.*
Ci-dessous : *Le trèfle (de préférence le trèfle nain blanc) fournit naturellement l'azote dont ont besoin les graminées.*

Excepté pour les terrains de jeux, on peut ajouter au semis du trèfle nain, qui fournira l'azote dont ont besoin les graminées grâce aux nodosités de ses racines. Les inconvénients du trèfle sont qu'il est glissant par temps de pluie, gras, et qu'il résiste mal au piétinement. Les puristes considèrent l'adjonction d'un peu de trèfle dans le gazon comme une hérésie, cependant les professionnels des espaces verts y recourent là où les conditions sont difficiles et quand on veut éviter des soins répétés. Dans bien des cas, on ne marche pas sur le gazon, ou pas continuellement, on peut donc souvent semer un peu de trèfle. À noter qu'un obtenteur suisse a mis au point un « microtrèfle nain », aux feuilles nettement plus petites que l'espèce type, ce qui atténue largement ses inconvénients.

Dans certains mélanges pour terrains secs, on trouve de l'achillée millefeuilles, qui n'est pas une graminée, mais qui réussit bien dans les terrains arides et pauvres.

Une des meilleures fertilisations consiste à épandre en automne et au début du printemps une fine couche de compost bien mûr ou du terreau. On conseille 50 kg de compost pour 100 m^2. Des engrais ont une action plus visible et plus grande, mais ils entraînent une dépendance du gazon à des apports réguliers d'éléments facilement assimilables.

Le scarificateur permet d'aérer le sol.

La scarification

La scarification consiste à inciser le sol, de façon à sectionner la couche de feutre du gazon. Avec le temps, il se forme en effet un feutrage, une « bourre » qui, si elle est trop épaisse, finit par asphyxier le sol, empêche l'eau de pénétrer rapidement ou favorise les stagnations d'eau. Un excès d'eau est la principale cause de maladies cryptogamiques.

Son utilité

On ignore souvent que l'air est l'un des constituants du sol. On estime qu'il faut une proportion de 40 % de « vides » pour obtenir un développement optimal des racines. L'air permet aussi aux micro-organismes, en particulier ceux qui se chargent de la nitrification des sols, de prospérer. L'eau doit également pénétrer facilement, sans stagner.

Les pelouses soumises à des passages répétés présentent un sol tassé, où l'air et l'eau ont des difficultés à circuler. Des

La scarification permet de lutter contre l'envahissement de la pelouse par la mousse.

apports de fertilisants ou d'amendements (sable) pour améliorer le drainage ne sont alors pas la solution pour redonner vie à une pelouse fatiguée. Une scarification permet en revanche d'aérer le sol en pratiquant des entailles verticales. On procède à deux passes croisées, au début du printemps, après la première tonte (mars ou avril, selon les saisons et les régions). La scarification lutte aussi contre l'envahissement du gazon par la mousse – pour davantage d'efficacité en présence de mousse, une seconde scarification en automne est utile.

Les outils

Le scarificateur à moteur électrique ou thermique est un investissement onéreux, d'autant plus pour un appareil de qualité, où l'on peut régler par exemple la profondeur de travail. On peut le louer, ou alors se grouper avec d'autres jardiniers du voisinage pour l'acheter.

Pour les petits jardins, on peut utiliser des semelles à clous, il existe aussi des appareils rotatifs à longues pointes, plus ou moins efficaces pour pénétrer un sol tassé. Autre solution: utiliser une fourche ou une bêche à dents et piquer le sol verticalement – les jardiniers bio pourront essayer la bêche spéciale (type aérabêche, grelinette, etc.), qui permet d'aérer le sol sans le retourner.

Pour les grandes pelouses, signalons qu'il existe des râteaux scarificateurs conçus pour être traînés par une tondeuse autoportée.

Les plantes « adventices »

Comment lutter ?

Les adventices sont des plantes qui se développent dans les gazons en dehors des espèces qui ont été semées. L'aspect esthétique dans la lutte contre les plantes adventices est primordial. Beaucoup tiennent avant tout à la « pro-

Le pissenlit : la principale adventice de gazon.

Pâquerettes, plantains, trèfles sont parmi les adventices (indésirables ?) les plus répandues du gazon.

preté » de leur tapis vert, en le tondant aussi souvent que possible. Dans cette optique, des tontes très régulières maintiennent une bonne densité de graminées par rapport à toutes les autres, pissenlit, pâquerettes, trèfle, etc. Bien souvent, l'envahissement d'adventices est le signe d'un entretien relâché. En prenant conscience de ce fait, le jardinier a le choix soit de réduire la superficie engazonnée (par exemple en aménageant une terrasse gravillonnée ou dallée), soit de s'accommoder d'une pelouse aux plantes plus diversifiées, et plus ou moins fleurie.

Une autre solution est souvent choisie: recourir à des désherbants sélectifs. Il ne faut pas perdre de vue que tout herbicide est un poison. L'emploi d'un produit nocif, pour l'environnement comme pour l'utilisateur, devrait être le fait d'un réel professionnalisme, car beaucoup de particuliers ont tendance à surdoser et à ne pas se protéger lorsqu'ils appliquent ce type de produit. De plus, si la pelouse continue d'être insuffisamment entretenue, de nouvelles plantes indésirables viendront s'installer, à cause de graines venues avec le vent, des oiseaux et des mulots, ou tout simplement présentes dans le sol: le moindre mètre carré de terre contient des millions de graines. Et beaucoup d'entre elles gardent pendant de nombreuses années leurs facultés germinatives: les rumex, par exemple, ont des graines qui peuvent germer pendant

80 ans! À moins de stériliser le sol ou d'empêcher le vent d'apporter des graines de pissenlit, il n'est pas possible de maintenir un gazon où ne sont présentes que les trois ou quatre espèces de graminées semées au départ. Le ray-grass anglais, par exemple, ne dure guère plus de quatre ans, et son rôle est surtout d'assurer une couverture et une transition, le temps que les graminées fines comme les fétuques et les pâturins s'installent.

De la tonte à la gouje à asperge

Beaucoup de plantes telles que les renouées, les véroniques, le mouron, le céraiste (oreille-de-souris), le géranium, ne résistent pas à des tontes très courtes et rapprochées, bien suivies au fil des saisons. D'autres, qui ont une végétation « en rosettes », comme le pissenlit, les liondents, les crépis, les pâquerettes ou les hieraciums, résistent mieux à des tontes répétées ainsi qu'au piétinement.

Sur des surfaces petites ou moyennes, qui seraient envahies, le meilleur moyen est d'employer une gouge solide et longue, telle que la gouge à asperge, qui permet d'enlever la racine, souvent pivotante, en totalité. Signalons cependant que ces plantes aux racines profondes ramènent à la surface des éléments nutritifs situés en dessous de la couche où se nourrissent les graminées. En tout cas, elles indiquent un sol riche en azote, qui n'a nullement besoin d'engrais.

Pour venir à bout des rosettes de pissenlit, une gouje solide est le meilleur outil.

Ne pas tondre trop court

Certaines plantes comme le pissenlit et le plantain prospèrent dans un gazon clairsemé, où apparaît le sol nu. Des études canadiennes ont prouvé qu'un gazon maintenu à 8 cm de haut empêche la germination d'un grand nombre de plantes adventices: on a dénombré 50 fois plus de pissenlits dans des pelouses tondues à 3,5 cm que dans celles tondues à 6,5 cm! Dans le même temps, cette coupe un peu haute favorise les racines – alors qu'une coupe trop rase les affaiblit.

Il n'en est pas de même des mousses. Si le sol n'est pas acide, leur présence peut indiquer que la terre est pauvre en éléments nutritifs, les mousses se contentant en effet de sols appauvris. Des engrais pour gazons contribuent à les faire régresser et disparaître.

Le cas du chiendent

Le chiendent ne peut pas être enlevé par des désherbants sélectifs, puisqu'il s'agit d'une graminée comme les espèces à gazon. Comme il est très difficile d'enlever tous les rhizomes sans en laisser un fragment qui repoussera rapidement, il

faudrait agir en amont, avant l'implantation du gazon, par un labour automnal suivi d'un hersage soigneux, sans employer de motobineuse rotative qui, utilisée à grande vitesse pour affiner la terre le plus possible, favorise la multiplication du chiendent.
Le chiendent n'est pas toujours concurrencé avec succès par les graminées du gazon. Sa végétation mate ne fait pas un couvert fin, mais il se fond dans la pelouse, sauf l'hiver, où le feuillage est sensible au gel et jaunit. Il fait alors de larges taches jaunes bien visibles.

L'entretien des bords

De nombreux outils sont disponibles pour faciliter l'entretien des limites de la pelouse, selon que celle-ci borde des parties cultivées ou non. Le gazon a ten-

Des indicatrices de l'état du sol

Certaines adventices sont indicatrices de l'état du sol: le plantain signale un sol trop tassé et piétiné; le bouton-d'or est typique des sols humides et compacts. Le remède consiste donc à aérer ces sols plutôt que de vouloir passer un herbicide. Le pissenlit prospère sur les sols plutôt acides: il faut donc chauler (on peut épandre des cendres de bois froides).

Le bouton d'or, indicateur d'un sol humide.

Les rosettes (de pissenlit, de pâquerette) surviennent dans les endroits dénudés des pelouses.

dance à envahir le sol des plates-bandes, du potager et des haies. Les coupe-bordures, qu'ils soient à moteur thermique ou électrique, coupent l'herbe là où la tondeuse ne peut pas passer, grâce à un fil en nylon entraîné à très grande vitesse. Dans un petit jardin, on peut se contenter d'une cisaille à gazon, manuelle, ou sur accumulateurs (à recharger). Certaines sont munies d'une rallonge qui permet de tailler en restant debout. Les cisailles à gazon peuvent également servir de taille-buisson (les buis essentiellement).

Les dresse-bordures sont des outils à main avec une lame affûtée en forme de demi-lune. C'est l'outil classique pour délimiter strictement la pelouse, plus facile d'emploi qu'une bêche.

Le coupe-bordure coupe l'herbe là où la tondeuse ne passe pas.

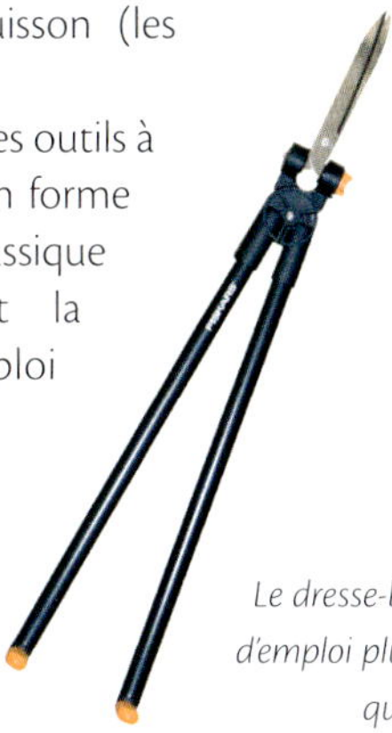

Les cisailles à gazon peuvent être munies de longs manches.

Le dresse-bordure est d'emploi plus pratique que la bèche.

LES TAUPES

La lutte contre les taupes passe par des pièges pyrotechniques, qui semblent de plus en plus efficaces. Reste qu'il faut enlever les monticules. La terre, fine, peut servir à des rempotages, bien qu'elle compte de nombreuses graines prêtes à germer. Il faut de toute façon l'enlever, car elle émousse les lames de la tondeuse. Ne l'étalez pas sur place, pour ne pas étouffer le gazon. Toute zone nue va être rapidement colonisée par des plantes. Il faut prendre de vitesse cette évolution, en ressemant des graines de graminées (choisir un bon gazon « spécial regarnissage »).

Les maladies **DU GAZON**

Attention à l'humidité

Bon nombre de maladies du gazon sont dues à des champignons microscopiques qui se développent du fait de l'humidité. Ce peut être une humidité stagnante due à un terrain trop tassé, comportant un feutrage trop épais, ou il peut s'agir d'arrosages effectués aux moments les plus chauds, la conjonction chaleur-humidité favorisant alors l'apparation des champignons.

D'autres sources d'humidité, comme la rosée, le givre, la neige ou la grêle, permettent le développement de maladies cryptogamiques, malheureusement, le jardinier n'y peut pas grand-chose! En revanche, vous pouvez veiller à bien affûter les lames de votre tondeuse: un feuillage déchiqueté peut aussi être favorable à l'apparition de maladies.

Un feutrage trop épais peut favoriser des maladies du gazon.

Le givre favorise le développement de maladies cryptogamiques.

Les autres causes

Parmi les autres causes de maladies cryptogamiques, citons un gazon coupé trop court, ce qui le stresse et le rend très sensible aux variations climatiques, ou encore une fertilisation excessive. Un pH trop acide peut également entraîner une vie microbienne insuffisante et une difficulté pour le sol à « digérer » les déchets qui forment un feutrage résistant.

Une ombre permanente peut permettre le développement de l'oïdium et de l'helminthosporiose, alors qu'un talus raide et très ensoleillé est favorable au *Fusarium roseum.*

Des pelouses trop entretenues

Les responsables des golfs sont fréquemment confrontés à des problèmes de maladies, alors même que les pelouses sont l'objet de soins constants. Elles se trouvent en quelque sorte « sous perfusion », et sont alors perturbées par la moindre variation climatique. Ces maladies peuvent prendre des proportions importantes du fait que les greens sont constitués de très peu d'espèces, qui sont tondues quasi quotidiennement, avec un enracinement superficiel et une végétation trop faible pour faire de l'ombre et limiter l'évaporation. Rappelons que les caractéristiques des pelouses des greens et des fairways répondent à des exigences précises du golf, par exemple le rebond des balles.

Que faire des déchets DE TONTE ?

Laisser sur place les déchets de tonte peut être la meilleure ou la pire des choses. Trop de déchets grossiers vont étouffer le tapis de graminées, en provoquant des trous. A contrario, si on laisse des déchets de 2-3 cm au maximum sur une pelouse tondue pas trop à ras (à 6-8 cm), ils peuvent se décomposer rapidement et fournir de l'humus, qui permet aux plantes d'assimiler les éléments minéraux du sol. Il faut éviter la formation d'un feutrage, on dit aussi « chaume », qui se produit quand ces déchets ne se décomposent pas facilement – par exemple lorsque le sol est trop acide. Une mauvaise assimilation de ces déchets peut aussi être due à un sol trop tassé, après des années de piétinement. Il faut alors procéder à une scarification assez profonde, et apporter aussitôt du terreau sans qu'il étouffe l'herbe.

L'entretien de la pelouse génère de grandes quantités de déchets de tonte.

Les tondeuses qui mulchent sont conçues pour broyer finement les brins d'herbe (attention, ce n'est pas le cas de toutes, certaines étant simplement munies d'un système d'obturation de la trappe d'éjection). Les tondeuses hélicoïdales produisent des déchets très courts, qui évitent souvent le ramassage, mais elles sont surtout répandues outre-Manche, où le climat frais permet des tontes rases et fréquentes – là où les étés sont plus chauds, le système des coupes courtes au moyen de tondeuses hélicoïdales n'est pas adapté.

Faire du compost

Les déchets de tonte sont un problème pour beaucoup. La mise en déchetterie

Le ramassage de l'herbe coupée est nécessaire sauf si l'on tond très souvent.

est un non-sens, alors qu'ils peuvent être la base d'un compost qui peut remplacer un terreau. L'inconvénient de l'herbe coupée est qu'elle s'agglomère en paquets qui se décomposent mal et sentent mauvais. On peut se contenter de les entasser dans un composteur avec couvercle: en perdant leur eau, ils diminuent beaucoup de volume et le même composteur peut servir toute la saison, voire plusieurs!

On peut aussi vouloir favoriser la décomposition aérobie, c'est-à-dire par l'action de l'air et non de l'humidité. Il faut alors remuer à chaque fois que l'on ajoute de l'herbe, pour favoriser l'aération. L'adjonction d'éléments secs, comme des tailles de haies, réduites en petits morceaux, pauvres en azote et riches en carbone, favorise un bon compostage. Parmi les matériaux pauvres en azote, on peut citer la paille, la sciure de bois, ainsi que les feuilles de chêne, de bouleau et d'érable.

Pour favoriser un séchage de l'herbe tondue, on peut la laisser sur place par période de beau temps, puis faire un second passage de tondeuse avec son bac, pour ramasser l'herbe sèche.

Une tonte écologique

Une tonte différenciée selon les usages de la pelouse est très écologique. Les passages habituels sont tondus courts, donc très régulièrement, et on laisse les déchets très petits et non gênants. Les endroits les moins fréquentés sont tondus à 8 cm, donc assez hauts ; dans ce cas, on ramasse systématiquement l'herbe coupée. En procédant de la sorte, on « amaigrit » peu à peu le sol, et on favorise ainsi une diversification de la végétation. Il faut se montrer patient, et attendre au moins cinq ans avant de tendre vers une « pelouse fleurie ».

Les déchets de tonte peuvent alors être déposés au pied des arbres, des arbustes et des haies. Si vous avez un potager, cette herbe fait un bon paillis pour les cucurbitacées (potirons et courgettes) et autres plantes gourmandes: vous évitez ainsi les arrosages et vous limitez les mauvaises herbes!

Pour une pelouse plus écologique

Au-delà des questions esthétiques, nécessairement subjectives, le bilan écologique de la pelouse peut se révéler assez navrant. Mais il peut s'améliorer facilement et rapidement si l'on respecte quelques principes:

- ***Ne pas tondre trop ras,*** *en particulier l'été, de façon que la pelouse résiste mieux à la sécheresse et nécessite moins d'eau; une pelouse tondue à 8 cm résiste mieux au piétinement.*
- ***Confier au « mulching » la fertilisation de la pelouse;*** *si les déchets sont trop importants pour être laissés sur place, les composter pour obtenir du terreau.*
- ***Partir du principe que le sol de la pelouse a peu de risques d'être carencé,*** *mais que les éléments nutritifs ne sont pas toujours disponibles; aérer le sol, scarifier le gazon, chauler pour qu'il soit moins acide, avant de songer à des fertilisants.*
- **S'interdire tout herbicide total ou sélectif:** *dans une pelouse de 500 m^2 (superficie moyenne des pelouses françaises), il n'est pas insurmontable d'enlever une bonne partie des rosettes de pissenlits et autres adventices. Une présence significative de celles-ci signale un sol trop tassé et un gazon clairsemé. Pour y remédier, décompacter le sol et regarnissez la pelouse.*
- ***Éviter le plus possible les arrosages:*** *le jaunissement estival est le signe que la pelouse entre en « dormance », elle ne dépérit pas. L'arrosage doit être réservé aux jeunes semis; à l'occasion d'une réfection ou de la création d'un nouveau gazon, préférer les mélanges pour terrains secs, ceux à faible entretien (zones peu piétinées). Dans le Sud, employer des espèces adaptées à la chaleur et à dormance inversée (vertes en été), comme le* Cynodon *et le gazon kikuyu.*
- ***Accepter une certaine diversité,*** *par exemple qu'une pelouse avec du trèfle et des pâquerettes n'est pas « affreuse »; dans les endroits peu fréquentés, des gazons ou des prairies fleuris sont très esthétiques.*

En résumé, il faut savoir « écouter » sa pelouse. Avant de se précipiter dans le magasin le plus proche pour trouver un produit susceptible de la soigner (par exemple un traitement total, contenant à la fois un herbicide sélectif, un fertilisant et un anti-mousse), il vaut mieux se demander quelle est la signification des symptômes, présence de mousse, d'adventices en grand nombre, brunissement, jaunissement, etc.

Ne pas perdre de vue que, en général, le gazon n'est pas le centre d'intérêt d'un terrain, c'est surtout un faire-valoir des autres plantations et de la maison, un élément de liaison. Il ne doit pas mobiliser trop d'efforts et de moyens au détriment d'autres plantations.

Enfin, on peut le concevoir comme une solution d'attente, préservant la structure du sol ou restaurant son activité biologique, dans le cas de sols maltraités, fatigués ou bouleversés (chantier de construction).

LE MATÉRIEL indispensable

Peu de jardiniers considèrent la pelouse comme une « culture » à part entière. Obtenir un écrin mettant en valeur la maison et les autres plantations, mais aussi un tapis pour les jeux des enfants et le repos des adultes, n'est pas si simple. Il faut de la compétence, ainsi que de bons outils...

Les différents types de tondeuses

On connaît les tondeuses à main et celles à moteur. Il existe des tondeuses à tambour hélicoïdal et les rotatives à lame horizontale. Des poussées, des tractées, des autoportées, des tondeuses débroussailleuses, à moteur quatre temps ou deux temps...

Tondeuse mécanique à main

Pour une petite superficie de moins de 100 m², une tondeuse mécanique à main suffit. Il s'agit de modèles hélicoïdaux, qui coupent ras. La tondeuse à main réduit l'herbe coupée en menus brins, ce qui ne nécessite pas en principe de ramassage. Sur de nombreux modèles, on peut régler la hauteur de coupe, par crans ou en continu. Leur largeur est de 30 à 40 cm. Certains modèles, que l'on peut munir d'un bac de ramassage, sont donnés pour des superficies de 200 à 300 m². Avec cette surface, ce sont des appareils de gymnastique efficaces. Il existe plusieurs marques, présentant des machines de bonne qualité.

Certaines tondeuses hélicoïdales, permettant d'obtenir le fameux « gazon anglais », fonctionnent sur accus. Certains modèles peuvent tondre jusqu'à

La tondeuse hélicoïdale mécanique suffit pour une pelouse de 100 m².

Pour les grands jardins, les tondeuses thermiques poussées (jusqu'à 1 000 m²) ou tractées sont les plus choisies.

300 m² d'une seule traite, sans qu'il soit nécessaire de recharger (ce qui prend 24 heures). D'autres ont un moteur électrique, à fil, et sont utilisables sur une superficie jusqu'à 500 m². Hauteur de coupe : 4 cm au maximum en général.

Tondeuse rotative à moteur électrique

Plus classiques, les tondeuses rotatives à moteur électrique sont modérément bruyantes. L'herbe peut être coupée moins court qu'avec une tondeuse mécanique, mais pas toujours. On peut noter que plus les tondeuses sont puissantes, plus elles permettent de couper l'herbe haut (jusqu'à 6-8 cm) : elles supportent un peu d'irrégularité dans l'entretien de la pelouse. Toutes ont un bac de ramassage. Certains modèles permettent un mulching.

Les moteurs des tondeuses électriques ne nécessitent pas d'entretien et sont toujours prêts à démarrer – mais leur carter et leur lame requièrent les mêmes soins que les tondeuses thermiques.

La contrainte, c'est le fil, sauf les modèles à accumulateurs. Ces derniers représentent un progrès : ils polluent moins, avec un minimum de contraintes. Cependant, ils ne sont pas complètement « écologiques », en particulier parce que les batteries au lithium ne sont guère recyclables. Toutefois, elles durent beaucoup plus longtemps que des batteries de voiture…

Les carters de tondeuse

C'est souvent le point faible des tondeuses : aujourd'hui, les moteurs sont fiables et robustes, et pas uniquement sur les modèles de haut de gamme. L'acheteur ne doit pas se focaliser sur la motorisation de sa future tondeuse. Il lui faut également examiner les finitions et la robustesse de l'ensemble : fréquemment, la tondeuse rend l'âme alors que son moteur est encore en bon état.

Le carter, c'est-à-dire le capot qui entoure la lame, est rapidement attaqué par l'herbe humide et acide qui colle en paquets. S'il est en acier, sa durée de vie est limitée, sauf à l'entretenir minutieusement. Les carters en fonte d'aluminium sont beaucoup plus solides. Certains fabricants proposent des carters en matières plastiques de qualité, plus légers, qui contribuent un peu à l'insonorisation. Leur seul inconvénient est de s'user rapidement en emploi intensif – ils ne conviennent pas, notamment, aux professionnels.

Il existe de très nombreux modèles de tondeuses thermiques. Veillez notamment à la qualité du carter.

Les tondeuses hélicoïdales à moteur

Il est assez difficile de trouver des tondeuses hélicoïdales motorisées, telles qu'elles sont couramment employées en Grande-Bretagne et aux États-Unis. Il n'existe aucun constructeur français de tels engins – il n'y a pas de marché bien identifié non plus. On peut cependant trouver chez des spécialistes – disposant

Le moteur à quatre temps, moins bruyant et polluant, est préférable, sauf en terrain très pentu.

Question d'insonorisation

Les tendances actuelles sont à l'insonorisation et au confort d'utilisation (démarrage, débrayage automatique de la lame, réglage séparé de la vitesse d'avancement et de la puissance de coupe) pour les modèles thermiques. Pour les modèles électriques, l'avenir est représenté par les « sans-fil ». Toutes sont très fiables et de plus en plus perfectionnées, mais aussi plus onéreuses.

d'un bon service après-vente – plusieurs marques importées.

On trouve des marques anglaises, relativement abordables, ou de haut de gamme, ainsi que des marques américaines, celles-ci en particulier pour les grandes superficies. Il existe enfin des machines professionnelles, destinées par exemple aux golfs et aux terrains de sport, évidemment très coûteuses.

Nos voisins britanniques possédant de plus petits jardins qu'en France, les tondeuses électriques sont répandues. Elles ne sont pas beaucoup plus chères qu'une excellente tondeuse rotative électrique.

L'acheteur français sera sans doute plus fasciné par les tondeuses à moteur thermique, possédant un rouleau acier ou plastique, selon les gammes, qui produit l'aspect « rayé » caractéristique des gazons anglais. Là encore, on peut trouver ce type d'engin à prix un peu plus élevé qu'un matériel de qualité en tondeuse rotative.

Il faut cependant admettre que, à niveau de qualité égal (finitions, moteur), les tondeuses hélicoïdales sont 25 % plus chères (pour le moins) que celles que nous employons sur le continent. À titre indicatif, la tondeuse hélicoïdale la plus vendue au monde (davantage que n'importe quel modèle rotatif!), à moteur électrique, tractée, pour petits jardins, vaut environ 425 €. Certaines peuvent dépasser 700 €.

On peut trouver un modèle de tondeuse à moteur thermique pour un prix de l'ordre de 1000 €, le prix le plus habi-

Pour les grandes superficies, la tondeuse autoportée s'est largement imposée ces dernières années.

Critères de choix d'une tondeuse

Superficie de la pelouse	Type de tondeuse	Avantages	Inconvénients
100 à 300 m²	*Tondeuse à main*	*Silencieuse, robuste, économique*	*Ne tond qu'une herbe courte (max.: 10 cm); tond ras (souvent moins de 6 cm)*
Environ 500 m²	*Tondeuse hélicoïdale électrique, filaire ou sur accus*	*Tonte de qualité; peut tondre moteur éteint ou batterie déchargée*	*Ne tond qu'une herbe courte (max.: 10 cm); tond ras (souvent moins de 6 cm); contrainte du branchement pour les filaires*
	Tondeuse rotative électrique, filaire ou sur accus	*Large choix de modèles plus ou moins puissants et perfectionnés*	*Branchement (filaire); autonomie ou puissance (sur accus)*
	Tondeuse sur coussin d'air	*Peut aller partout*	*Parfois un peu difficile à diriger*
Environ 1 000 m²	*Tondeuse rotative tractée (électrique)*	*Moins polluante; moteur sans entretien, démarrage facile*	*Contrainte du fil; manque de puissance dans certains cas*
	Tondeuse rotative thermique poussée	*Puissante; très nombreux modèles*	*Entretien du moteur régulier pour un démarrage facile*
Environ 2 000 m²	*Tondeuse rotative tractée*	*Puissante; nombreux modèles: avec démarrage manuel, mécanique ou électrique*	*Entretien du moteur régulier pour un démarrage facile*
	Tondeuse débroussailleuse	*Idéale pour résidence secondaire ou entretien discontinu*	*Manque parfois un bac de ramassage; onéreuse*
Grandes superficies	*Tondeuse « rider »* *Tondeuse autoportée* *Tondeuse hélicoïdale*	*Maniabilité; confort* *Maniabilité; confort* *Tonte de qualité*	*Onéreuse* *Onéreuse* *Onéreuse, pour entretien très régulier*

Ne confondez pas coupe-bordure et débroussailleuse.

tuel est de l'ordre de 1500 € ou un peu plus, certains modèles de haut de gamme atteignant les 5000 €.

Coupe-bordures et débroussailleuses

Les tondeuses, quel que soit leur modèle ou leur conception, ne peuvent pas couper l'herbe dans les moindres recoins, sur des pentes très accusées, autour des troncs d'arbres et d'arbustes, le long des murs, etc. Les outils traditionnels, faux, faucilles, dresse-bordures, ont été finalement remplacés par une vaste gamme d'outils à moteur.

Le coupe-bordure

Il faut distinguer les coupe-bordures et les débroussailleuses. Le coupe-bordure, muni d'un fil de nylon, est le complément de la tondeuse pour les petits jardins. Il n'est en revanche pas fait pour couper les hautes herbes dures de l'été, ni de jeunes broussailles. Sur des petites superficies soignées, il peut faire quelques dégâts, car il manque de précision: le fil nylon s'enroule facilement autour de la tige qu'il devait seulement dégager des herbes... Attention également de ne pas abîmer les jeunes arbres ou les arbustes à l'écorce tendre. Il vaut mieux dans ce cas choisir une cisaille à gazon, parfois munie d'un manche, pour travailler debout.

La débroussailleuse

La débroussailleuse est conçue pour couper l'herbe, notamment celle de printemps, encore tendre, avec un système à fil nylon et grâce à diverses lames et couteaux. Elle permet également de tailler les jeunes broussailles et les hautes herbes de l'été. Actionnée par un moteur thermique à deux temps, la débroussailleuse est malheureusement très bruyante et polluante. Il faut également l'entretenir régulièrement pour qu'elle démarre sans difficulté. Bien conscients de ces inconvénients, les fabricants commencent à mettre sur le marché des modèles à moteur à quatre temps. Les petits modèles ne peuvent pas venir à bout de hautes prairies ou de broussailles bien installées. Les gros modèles sont lourds et moins maniables.

À noter qu'il existe aussi des dresse-bordures électriques ou thermiques, c'est-à-dire qui tranchent net le bord de la pelouse, pour éviter que les herbes s'insinuent dans les bordures ou autour des arbres. Nous avons aussi trouvé un modèle mécanique avec une roue caoutchoutée, solution alternative intéressante à l'outil classique à lame en demi-lune.

Aérateurs et scarificateurs

Les professionnels des pelouses ont précisé, grâce à plusieurs études, ce que l'on savait déjà plus ou moins: les Français ne sont pas de grands connaisseurs en gazon et ne le soignent pas beaucoup, en tout cas beaucoup moins que dans les pays anglo-saxons.

Les pelouses françaises sont âgées et fort compactées. Il est donc urgent de les aérer et de les nettoyer! De fait, il se vend de plus en plus de scarificateurs ou d'aérateurs, à main, à roues, à moteur électrique ou thermique.

Les scarificateurs se vendent de plus en plus.

Quel matériel ?

Pour un petit jardin de moins de 50 m², un râteau scarificateur peut suffire. Il pratique des incisions, les débris et la mousse sont ensuite enlevés avec un râteau ordinaire.

Jusqu'à 100 m², un scarificateur manuel, à roues, convient. Ces deux modèles exigent un peu d'effort phy-

Quelle est la différence ?

Distinguons tout d'abord l'aération de la scarification. Un véritable aérateur pique le sol en profondeur, le scarificateur opère en surface, en coupant et en enlevant le feutrage représenté par les débris végétaux accumulés au fil des ans. Le démoussage est enfin une troisième opération, encore que beaucoup de scarificateurs s'en chargent.

L'aération en profondeur est importante.

sique, mais qui ne s'effectue qu'une fois ou deux par an.

Au-delà, il faut utiliser un scarificateur à moteur. À moteur électrique, sa largeur va de 28 à 40 cm environ ; à moteur thermique, elle oscille entre 32 et 75 cm. En fait, pour les particuliers, ce n'est pas la puissance qui va déterminer le choix, mais l'emplacement d'une prise de courant suffisamment proche.

Le scarificateur à moteur thermique est très onéreux, surtout si l'on choisit un modèle performant, notamment équipé d'un réglage de profondeur des incisions. Il est bon de savoir que seules des incisions verticales profondes permettent de décompacter le sol.

L'AÉRATION DE LA PELOUSE

L'aération du sol est certainement plus importante que la scarification en surface : un bon sol est souple, laisse pénétrer et circuler l'air et l'eau, et peut donc absorber et décomposer les débris de surface. Cela précisé, la pelouse est rarement piétinée sur toute sa surface. À remarquer : la présence de taupes, cauchemar des jardiniers, signale que la terre est bien aérée grâce à la présence des vers de terre et des insectes dont elles se nourrissent. Précision qui est évidemment une faible consolation pour ceux dont la pelouse est envahie de taupinières !

L'aération de la pelouse peut se faire simplement avec des semelles hérissées de clous ou des rouleaux munis de pointes. L'emploi d'une fourche (ou d'une bêche bio, conçue pour remuer la terre sans la retourner) permet une aération en profondeur : aussi efficace qu'aisée sur une petite superficie.

On trouve dans le commerce des semelles munies de pointes.

INDEX

Crédits photographiques

Toutes les photographies sont de **Fotolia.com,** excepté les suivantes :
Breitenstein/Nature : 47 md ; **Délu Christian :** 30, 44, 45, 48 b, 49 h ; **Lamaison/Nature :** 47 mg ; **Losange :** 28 g, 56 ; **Marre/Rustica :** 57, 58 h ; **Pernot Georges :** 14, 23, 31, 32 h, 36, 37, 49 b ; **Rossignol Francis :** 28 d, 48 h, 67 bd, 73 h, 74 h, 77, 79 m, 91 ; **Sauer/Nature :** 46 bg.